Chemistry for Curious Kids
Copyright © Arcturus Holdings Limited
Korean translation copyright © 2022 by Nikebooks
This Korean edition published by arrangement with Arcturus Holdings Limited
through YuRiJang Literary Agency.

이 책의 한국어판 저작권은 유리장 에이전시를 통해 저작권자와 독점 계약한 니케북스에 있습니다. 저작권법에 의하여 한국 내에서 보호를 받는 저작물이므로 무단전재 및 복제를 금합니다.

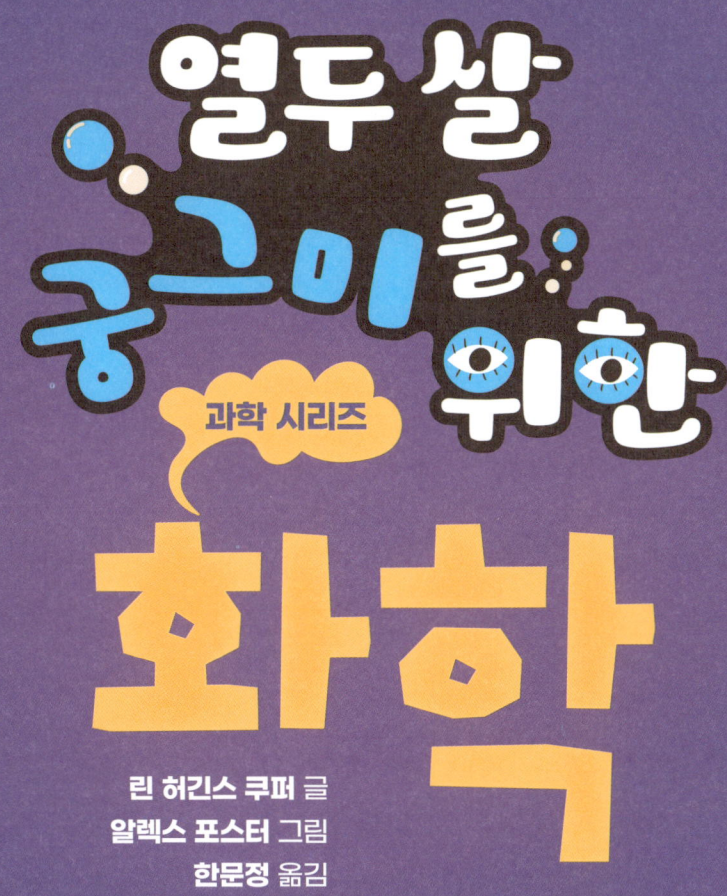

열두 살 궁그미를 위한 과학 시리즈
화학

린 허긴스 쿠퍼 글
알렉스 포스터 그림
한문정 옮김

비케주니어

차례

놀라운 화학의 세계 6

1장 물질의 상태 9
고체 10
액체 12
기체 14
녹는점 16
끓는점 18
브라운 운동 20
원소 22
화합물 24
혼합물 26

2장 화학적 구성 요소 28
원자 30
분자 32
고분자 34
동위원소 36
나노입자 38
pH 40
산 42
염기와 알칼리 44
만능지시약 46

3장 생물의 화학 49
물 50
산소 52
이산화탄소 54
탄소 56
질소 58
오존 60
온실가스 62
엽록소 64
단백질 66

4장 주기율표 68
비금속 70
할로젠 72
비활성기체 74
알칼리 금속 76
알칼리 토금속 78
전이 금속 80
준금속 82
악티늄족과 란타넘족 84
전이후 금속 86

5장 실험실에서	89	**6장 우리를 둘러싼 화학 물질**	109
분젠 버너	90	공기	110
온도계	92	바닷물	112
시험관, 플라스크, 비커, 피펫	94	암석	114
필터와 여과	96	광물	116
증류	98	화석연료: 석유	118
크로마토그래피	100	화석연료: 석탄	120
화학 반응	102	화석연료: 천연가스	122
연소	104	금속	124
불꽃놀이	106	합금	126

용어 풀이 128
찾아보기 131

놀라운 화학의 세계

화학은 세상을 이루고 있는 재료인 **물질**을 연구하는 학문이에요. 모든 물질은 **원자**라고 부르는 작은 입자로 이루어져 있어요. 화학에서는 원자들이 어떻게 결합하여 우리가 아는 모든 물질을 창조하는지 연구하지요.

건강

화학은 생명과 관련된 여러 분야에서 중요한 역할을 해요. 예를 들어 화학은 우리를 건강하게 해 주지요. 매년 화학을 이용하여 수많은 신약이 개발되고, 병원에서는 화학약품을 사용한 여러 가지 검사가 이루어지고 있답니다.

산업에서의 화학

화학은 산업에서도 중요한 위치를 차지해요. 화학자들이 수행한 연구의 결과로 계속해서 새로운 물질들이 개발되고 있어요. 화학자들은 새롭고 친환경적인 섬유나 플라스틱 등을 개발하려고 끊임없이 연구하지요. 심지어 곰팡이로 만든 새로운 유형의 건강 음식처럼 화학자들이 개발한 식품도 있답니다.

화학에는 여러 가지 유형이 있는데, 크게 다음의 다섯 가지 주요 분야로 나눌 수 있어요.

유기화학
유기화학은 탄소 원자를 포함하는 물질에 관한 학문이에요. 생명체가 살아가는 데 꼭 필요한 대부분의 화학 물질은 탄소를 기본으로 이루어져 있어요. '유기'라는 말은 '살아 있다'라는 뜻이에요.

무기화학
무기화학은 보통 생명체에서 발견되지 않는 물질에 관한 학문이에요. 이러한 화학 물질은 대개 암석이나 땅속의 **광물**에서 발견되지요. 최근에는 많은 무기화학자들이 컴퓨터와 에너지 생산에 사용되는 물질들을 집중적으로 다루고 있답니다.

물리화학
물리화학은 원자들이 어떻게 결합해서 **분자**라고 불리는 원자 그룹을 만드는지 연구해요. 물리화학자는 분자의 원자들이 재배열되면서 새로운 물질을 생성하는 **화학 반응**을 연구하기도 해요.

생화학
생화학은 생명체 안에서 일어나는 화학 반응을 연구하는 학문이에요. 생화학자들은 세포 안에서 일어나는 과정을 연구하고, 질병에 대한 새로운 치료법을 개발하지요.

분석화학
분석화학은 물질의 구성 성분을 연구하는 학문이에요. 분석하고자 하는 물질의 표본에 있는 성분들을 식별하고, 분리하고, 그 상대적인 양을 측정하는 방법을 다뤄요. 분석화학자들은 물질에 대해 알아내기 위해 매우 다양하고 복잡한 기구를 사용하고 실험을 수행하지요.

화학은 어디에나 있어요!
화학 작용은 우리 주변에서 매일 일어나고 있어요. 컴퓨터에서 의류, 음식에 이르기까지 우리 삶에서 당연하게 여기는 많은 것들 뒤에는 화학이 있답니다.

고체 상태

액체 상태

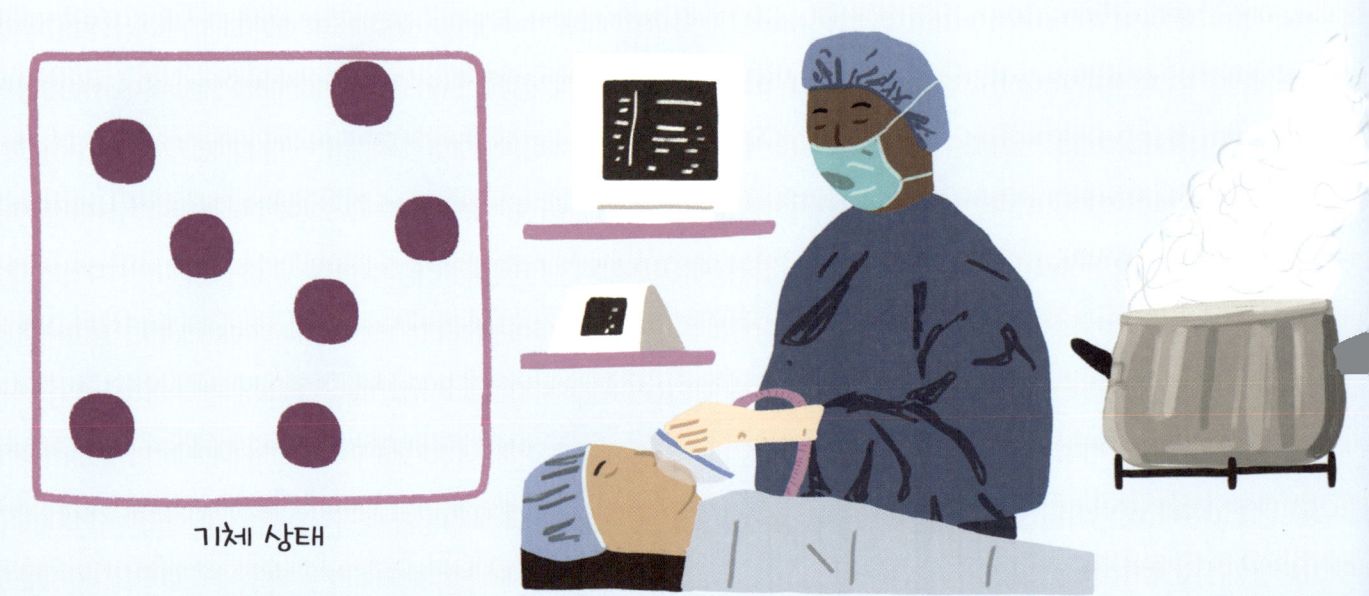
기체 상태

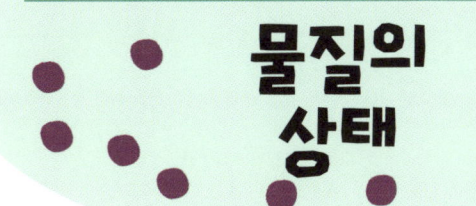

1장
물질의 상태

우주에서 물질은 다음의 네 가지 상태로 존재해요.

| 고체 | 액체 | 기체 | 플라스마 |

질량(또는 무게)과 부피가 있는 모든 것을 물질이라고 해요. 물질은 원자와 분자(두 개 이상의 원자들이 결합된 그룹)로 이루어져 있어요. 수많은 원자가 서로 어우러져서 우리가 매일 보고 사용하는 모든 사물을 이루고 있지요. 집, 나무, 동식물은 물론이고 심지어 우리도 원자로 이루어져 있답니다!

고체

우리가 걷는 땅은 고체예요. 우리가 앉는 의자도, 우리가 음식을 담아 먹는 접시도, 우리가 읽는 책도 모두 고체이지요. 고체는 손에 잡히는 '단단한' 물체예요.

기체

우리가 숨 쉬는 공기는 기체예요. 기체 분자는 액체 분자보다 서로 훨씬 멀리 떨어져 있어요. 기체는 대개 보이지 않으며, 때때로 우리는 눈에 보이지 않는 기체의 냄새를 맡을 수 있어요. 기체는 담는 용기에 따라 형태와 부피가 결정돼요.

액체

액체는 용기에 따를 수 있어요. 액체는 담는 용기에 따라 형태가 변해요. 우리가 마시는 주스는 액체예요. 바닷물, 피, 우유, 물도 모두 액체이지요.

플라스마

플라스마는 고체, 액체, 기체만큼 흔하게 볼 수는 없어요. 플라스마 상태는 기체와 비슷하지만, 분자의 일부가 전자를 잃어 이온 상태로 존재해요. 플라스마는 비교적 최근인 1879년에 윌리엄 크룩스가 처음으로 확인했답니다.

상태 변화

물질은 때때로 상태가 변하기도 해요. 분자 자체는 변하지 않지만, 분자가 움직이는 방식은 변할 수 있지요. 예를 들어 물 분자의 화학식은 H_2O예요. 두 개의 수소(H) 원자와 한 개의 산소(O) 원자로 이루어져 있지요. 그것은 물이 액체로 존재하든, 얼음인 고체로 존재하든, 수증기인 기체로 존재하든 변함이 없어요. 그러나 물리적 상태는 변해요. 물질은 압력이나 열과 같은 에너지가 가해지면 상태가 바뀐답니다.

물은 실온에서 액체예요. 분자들이 쉽게 움직일 수 있으므로 물은 똑똑 떨어지기도 하고 흐르기도 하지요. 물을 냉각하면 고체 상태인 얼음으로 변해요. 고체 상태에서는 분자들이 단단하게 묶여서 쉽게 움직이지 못해요. 물을 가열하면 주전자의 물을 끓일 때 볼 수 있는 것처럼 수증기로 변해요. 기체 상태가 되면 분자들은 더 빠르게 움직이고 멀리 퍼져 나가요.

고체

어떤 물질이 고체인지 아닌지 어떻게 알아볼 수 있을까요?
아래 질문에 답해 보세요.

- 물질이 한곳에 머물러 있나요?

- 물질이 흐르고 있나요? 그렇다면 고체가 아니에요.

- 물질이 형태를 유지하고 있나요? 만약 공기 중으로 퍼진다면 그것은 고체가 아니에요.

- 누르면 더 작은 부피로 압축이 되나요? 고체는 온도가 변하지 않는 한, 분자가 움직이지 않기 때문에 부피가 변하지 않아요.

속지 마세요! 소금이나 모래와 같은 가루는 용기에 부을 수 있지만, 그것은 여전히 고체예요. 각각의 가루 입자는 같은 모양과 부피를 유지하므로 고체이지요.

 고체 상태

분자는 운동에너지를 가지고 있어서 분자들끼리 충돌하면서 진동해요. 고체에서 분자들은 인력에 의해 서로 단단히 묶여 있어서 제자리에서 진동하지요. 고체 분자들은 돌아다니며 움직이지 않아요. **전자**는 움직이지만, 원자는 제자리에 고정되어 있어요.

고체 분자는 원자들의 빡빡한 배열에 갇혀서 갈 곳이 없기 때문에 압축할 수 없어요. 강한 인력이 분자들을 결합하고 서로를 끌어당겨서 고체 상태를 유지하지요.

고체 상태

◆ 고체의 예

고체는 다양한 질감을 가지고 있어요. 털이나 섬유처럼 부드러운 것도 있고, 돌이나 나무처럼 거친 것도 있지요. 고체는 해변의 절벽처럼 거대할 수도 있고, 모래알처럼 작을 수도 있어요.

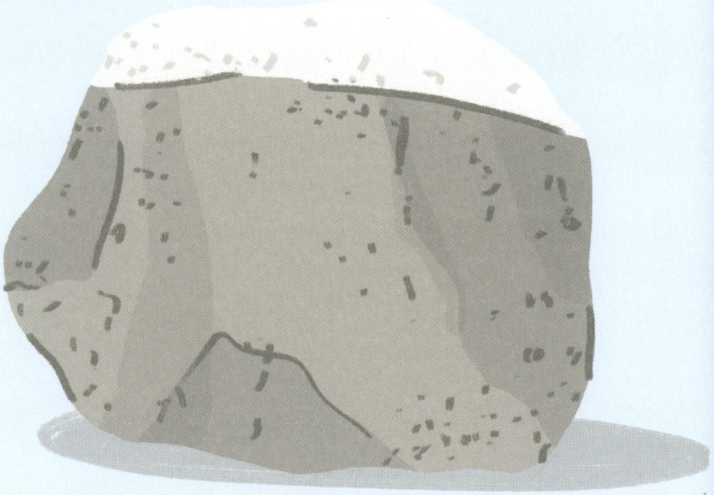

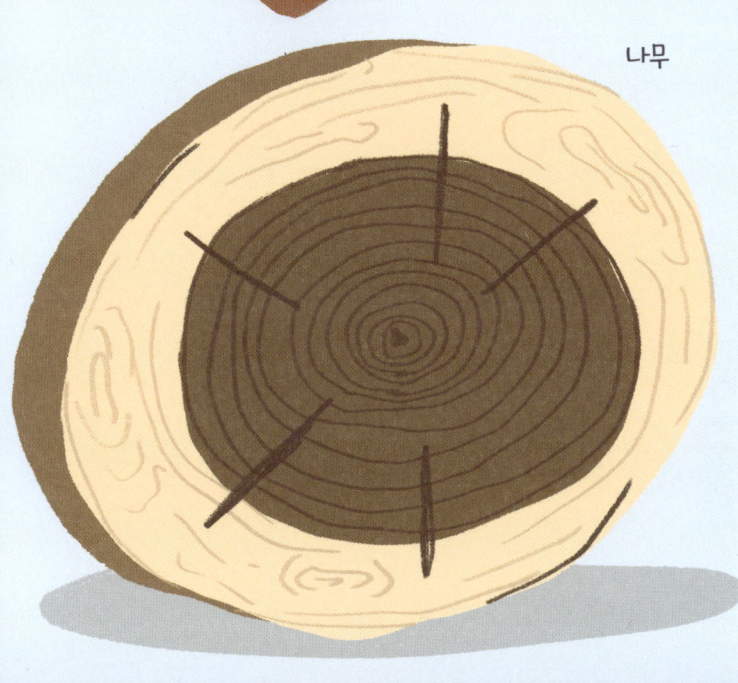

피부, 털, 모래 알갱이, 섬유, 돌, 나무

◆ 분자력

모든 물질에는 분자들을 서로 끌어당기거나 밀어내는 힘이 작용하는데, 그것을 '분자력' 또는 '분자 간 힘'이라고 불러요.

고체 상태에서 분자들은 서로 단단히 묶여 있어요. 액체 상태에서는 분자들이 서로 끌어당기는 응집력을 갖고, 기체 상태에서는 분자들이 퍼져 나가요.

액체

우리는 매일 액체를 사용해요. 물과 주스를 마시고, 옷과 접시를 씻고, 샤워나 목욕을 하지요. 자동차에는 휘발유를 사용하고, 기름에 음식을 튀기기도 해요. 이 모든 액체의 특성에 대해 생각해 봐요.

- 액체는 한 용기에서 다른 용기로 부을 수 있어요.
- 액체는 담은 용기에 따라 모양이 결정돼요.
- 액체는 손으로 잡으면 손가락 사이로 빠져나가요.

 움직임

우리 눈에 보이는 이러한 액체의 특성은 보이지 않는 특성 때문에 나타나요. 액체 상태의 원자와 분자는 서로 꽤 가까이에 있지만 자유롭게 이동할 수 있어요. 입자들이 불규칙하게 배열되며 움직일 수 있기 때문에 액체는 흐르는 성질을 가지게 돼요. 그래서 담는 용기에 따라 다른 모양이 되지요.

액체는 **부피**가 거의 일정하지만, 형태는 일정하지 않아요. 액체는 **중력**의 영향을 받아서 담는 용기의 모양에 따라 형태가 변해요. 액체는 쉽게 압축할 수 없는데 그 이유는 입자들이 서로 가까이 있어서 움직일 곳이 없기 때문이에요.

액체 상태

점성

과학자들은 액체의 점성에 대해 이야기해요. 물은 점성이 낮아서 자유롭게 흐를 수 있어요. 타르는 점성이 높은 끈적끈적한 액체여서 아주 느리게 흐르며 거의 고체처럼 보여요.

응집력

대부분의 액체는 강한 응집력을 가지고 있어서 분자들이 서로 끌어당겨요. 이러한 현상을 욕실에서 관찰할 수 있어요! 물이 세라믹 타일이나 유리와 같은 매끄러운 표면에 떨어지면 방울을 이루어요. 이렇게 물 분자가 퍼지지 않고 뭉치게 하는 힘이 응집력이에요.

수도꼭지에서 떨어지는 물방울에도 같은 힘이 작용해요. 물 분자들은 무거워져서 떨어질 때까지 서로 뭉쳐 있으면서 물방울 형태를 만드는 것이지요.

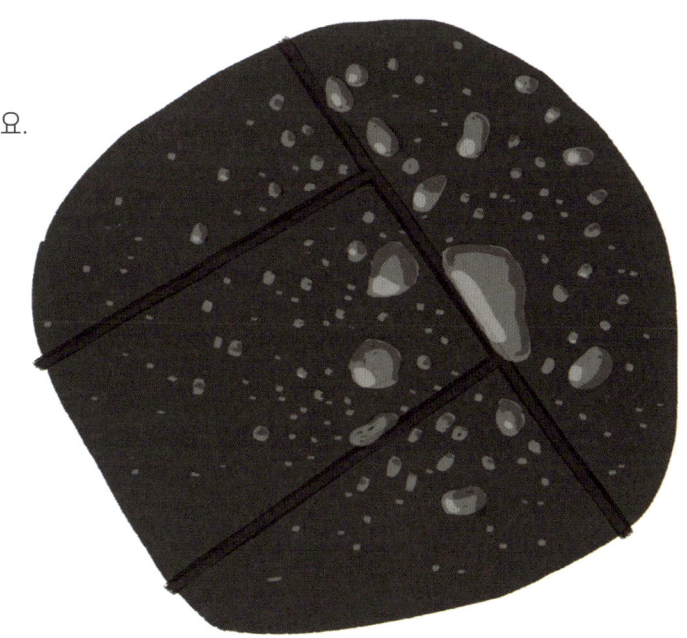

표면장력

응집력으로 인해 표면장력이 생기기도 해요. 표면장력은 물에 힘이 가해질 때 물이 마치 '피부'처럼 행동하는 것인데, 물론 진짜 피부는 아니에요. 표면에 있는 물 분자에 힘이 작용하는 방향이 다르기 때문에 생기는 것이지요.

액체의 표면 아래에 있는 물 분자들은 주변의 다른 분자들에 의해 사방으로 당겨져요. 그러나 액체의 표면에 있는 분자들은 아래로만 당겨지므로 아래쪽으로 몰리는 수축이 일어나지요. 그 결과, 내부 압력이 생성되고 물의 표면은 마치 피부처럼 탄력이 있어 보이는데, 이것이 표면장력이에요. 소금쟁이가 물 위를 걸을 수 있는 이유도 표면장력 때문이랍니다!

액체의 이용

액체는 다양하게 이용돼요. 액체는 다른 물질을 녹이는 용매로 사용돼요. 물질이 액체에 녹아 있는 상태를 용액이라고 불러요. 물감이나 접착제에는 대부분 용매가 포함되어 있어요. 용매는 휘발성이 강해서 공기 중으로 쉽게 휘발되므로 환기가 잘 되는 곳에서 사용해야 해요.

액체는 윤활유로도 사용돼요. 윤활유는 엔진, 변속장치, 기계 등에 이용되지요.

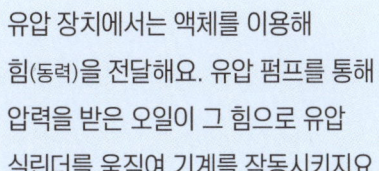

유압 장치에서는 액체를 이용해 힘(동력)을 전달해요. 유압 펌프를 통해 압력을 받은 오일이 그 힘으로 유압 실린더를 움직여 기계를 작동시키지요.

액체는 냉각수로도 쓰여요. 액체는 흐를 수 있기 때문에 기계를 따라 돌아다니면서 과열된 부분을 냉각하는 데 쓰이지요. 물과 글리콜은 엔진에 냉각수로 사용돼요.

그냥 궁금해요

지구의 땅속 깊은 곳에는 마그마라고 불리는 액체 암석이 있어요! 화산이 폭발하면서 마그마가 지표면으로 올라오면 액체처럼 흐르게 되는데, 이를 용암이라고 부르지요.

냉장고, 에어컨, 난방기에서는 액체를 이용해서 열을 전달해요. 우리의 몸도 액체인 땀을 이용하는데, 땀이 증발하면서 열을 식혀 체온을 유지하지요.

기체

기체는 우리를 둘러싸고 있어요. 우리가 숨 쉬는 공기는 기체이지요!
대기는 지구를 둘러싸고 있는 기체의 층이에요.

음료수 캔을 딸 때 나는 마찰음을 들어 본 적이 있지요? 그것은 높은 압력에 갇혀 있던 기체가 분출되면서 나는 소리예요. 같은 이유로 샴페인 병의 코르크 마개를 따면 기체가 병의 입구로 빠져나오면서 '팡' 소리가 나지요.

기체 상태

기체의 이용

의사들은 병원에서 수술할 때 환자를 마취하기 위해 산화질소와 같은 기체를 이용해요. 잠수부들은 물속에서 숨을 쉬기 위해 질소, 산소, 헬륨이 들어 있는 가스탱크를 사용해요.

플라스마

플라스마는 별과 번개 속에서 발견돼요. 기체처럼 보이지만 일부 분자가 전자를 잃고 이온 상태로 변해 있지요. 플라스마는 우주에서 가장 흔한 물질의 상태랍니다.

기체의 흐름

기체 입자들은 서로 멀리 떨어져 있고, 공간에 불규칙하게 흩어져 있어요. 입자 간 인력이 약해서 서로 독립적이며 모든 방향으로 빠르게 움직여요.

그 결과, 기체 입자들이 이동해서 용기 전체에 확산이 돼요. 용기가 아무리 크더라도 기체 입자들은 뿔뿔이 흩어져서 전체 공간을 고르게 채워요.

기체의 이동

불 위로 떠도는 연기를 본 적이 있나요? 아니면 냄비 위로 올라가는 증기는요? 연기와 증기는 기체가 어떻게 이동하는지 보여 줘요. 액체처럼 흐르고 확산이 되어 흩어지지요. 그래서 연기와 증기는 모두 공기 중으로 사라지는 것처럼 보인답니다.

기체는 밀도가 낮고,
점성도 낮아요.

압축

기체는 입자들이 서로 멀리 떨어져 있고 움직일 수 있는 공간이 있어서 쉽게 압축할 수 있어요.

압력

기체 입자가 용기의 벽에 부딪히면 압력이 생겨요. 온도가 올라가면 기체 입자는 더 빠르게 움직이게 되고 용기 벽에 더 자주 부딪히게 되어 압력이 증가하지요.
기체가 들어 있는 용기의 크기가 줄어들면 입자들이 용기 벽에 더 자주 부딪히게 되어 이때도 압력이 증가해요.

기체의 아래에 있는 모든 물질은 기체의 무게로 발생하는 압력을 받아요. 지구를 둘러싸고 있는 공기의 무게로 인해 생기는 압력은 대기압이라고 불러요.

상태 변화

기체는 조건에 따라 상태가 변할 수 있어요. 온도가 계속 낮아지면 기체는 응축되어 액체로 변하게 되지요. 어떤 경우에는 온도가 낮아지다 보면 기체에서 곧바로 고체로 변하기도 하는데, 이러한 과정을 승화라고 해요. 승화의 예로 겨울철 잔디에 생기는 서리를 들 수 있는데, 서리는 수증기가 냉각되어 얼음이 되면서 생기는 것이지요. 반대로 고체에서 액체 상태를 거치지 않고 곧바로 기체로 변하는 것도 승화라고 한답니다.

그냥 궁금해요

증기는 무엇일까요?
증기는 물(H_2O)처럼 보통 실온에서 액체 상태인 물질이 기체 상태로 존재할 때 부르는 말이에요. 예를 들어 수증기는 기체 상태의 물이에요.

녹는점

물질의 녹는점은 그것이 고체 상태에서 액체 상태로 변하는 온도를 말해요.
열에너지는 입자 간의 결합에 영향을 미쳐 물질의 상태를 변화시킬 수 있어요.

입자의 움직임

온도가 올라가면 분자들은 더 많은 에너지를 얻어요. 그러면 입자의 움직임이 더 빨라지기 시작하고, 곧 고체 상태의 구조를 깨트리기에 충분한 에너지를 가지게 되어 더 쉽게 움직이며 이동하게 돼요. 물질은 녹으면서 고체에서 액체로 상태가 변하게 되지요.

얼음 녹이기

순수한 물의 경우, 고체 상태인 얼음의 녹는점은 섭씨 0도예요. 물에 설탕이나 소금 같은 다른 물질을 첨가하면 녹는점이 낮아져요. 그래서 겨울철 빙판길을 녹이기 위해 소금(염화나트륨)을 뿌리는 것이랍니다.

녹는점 차이

모든 물질은 녹는점이 있지만, 물질마다 녹는점이 달라요. 어떤 물질은 실온(18°C 정도)에서 액체 상태예요. 예를 들어 올리브유는 실온에서 액체이지요.

갈륨(Ga)은 전자제품 제조에 쓰이는 부드러운 은색 금속이에요. 갈륨은 29°C 정도에서 녹아요. 그래서 손에 쥐면 손의 열기로 녹을 수 있어요!

녹는점과 어는점

흥미롭게도 고체의 녹는점과 그 액체의 어는점은 같아요. 왜 그런지 잘 생각해 보면 이해할 수 있을 거예요!

녹는점

물(H_2O): 0°C

초콜릿: 35°C

인(P): 44°C

꿀: 64°C

납(Pb): 327°C

철(Fe): 1,538°C

끓는점

끓는점은 물질이 끓기 시작하는 온도예요. 끓는다는 것은 액체가 기체로 바뀌면서
빠르게 증발이 일어나는 상태를 말해요. 액체가 기체로 바뀌는 과정을 기화라고 불러요.
열을 받은 분자는 빠르게 진동하여 분자 사이의 결합이 약해지다가
마침내 결합이 끊겨 기체가 되지요.

물

순수한 물의 끓는점은 섭씨 100도예요. 주전자에서 물이 끓어 주둥이에서 증기가 나오는 것을 본 적이 있나요? 물이 끓는점에 도달하여 끓기 시작하면 주전자를 꺼요. 조심하지 않으면 화상을 입을 수도 있어요.

대기압

놀랍게도 액체의 끓는점은 주변 공기의 압력에 따라 달라져요. 대기압이 높으면 끓는점이 높아지고, 대기압이 낮으면 끓는점이 낮아져요. K2나 에베레스트산과 같은 높은 산의 정상에서는 기압이 훨씬 낮아요. 에베레스트산의 정상은 해발 8,848미터예요. 그곳에서는 공기가 희박하고 대기압이 매우 낮아서 물이 더 낮은 온도인 70℃ 정도에서 끓게 되지요. '빠르게' 끓여낸 차 한잔으로 등반을 축하하는 것도 특별한 의미가 있겠네요!

물질의 첨가

액체에 다른 물질을 첨가하면 끓는점이 변해요. 예를 들어, 물에 소금이나 설탕을 첨가하면 끓는점이 올라가게 되지요.

❓ 그냥 궁금해요

증발은 액체가 기체로 변하는 현상으로, 액체의 표면에서만 일어나요. 증발이 일어나는 데는 끓는점에 해당하는 높은 온도가 필요하지 않아요. 물웅덩이를 생각해 봐요. 표면의 물 분자는 공기와 접촉하고 있기 때문에 맑은 날 물웅덩이는 빨리 말라요. 그렇게 액체 상태의 물이 수증기가 되지요.

브라운 운동

브라운 운동은 액체와 기체에서 입자들이 불규칙하게 운동하는 것을 가리키는 용어에요. 브라운 운동은 액체나 기체 안에서 빠르게 움직이는 원자나 분자에 의해 일어나며, 1827년에 이 현상을 발견한 로버트 브라운이라는 식물학자의 이름을 따서 지은 것이에요. 그는 당시 새롭게 발견된 식물의 생애주기를 연구하는 중이었지요.

입자 운동

브라운은 현미경으로 물에 떠 있는 식물의 꽃가루를 관찰했고, 꽃가루 입자들의 불규칙한 움직임을 '빠른 진동 운동'이라고 표현했어요. 꽃가루 입자들은 마치 살아 있는 것처럼 보였어요. 그는 연기와 같은 무생물의 입자도 관찰하기 시작했고, 심지어 이집트에 있는 거대 스핑크스에서 채취한 암석의 입자도 액체에 띄워 관찰했답니다.

충돌

1905년 물리학자 알베르트 아인슈타인은 브라운 운동에 관한 이론을 내놓았어요. 그는 액체나 기체 상태의 입자는 움직이면서 다른 입자와 끊임없이 충돌하기 때문에 불규칙한 운동을 하게 된다고 설명했어요.

아인슈타인은 물속에서 꽃가루가 물 분자의 운동에 따라 움직인다고 했는데, 그것은 원자와 분자가 실제로 존재한다는 사실을 증명하는 것이었지요.

 확산

브라운 운동은 냄새가 확산되거나 흩어지는 원인이 되기도 해요. 브라운 운동으로 입자들이 뒤흔들리면서 냄새가 주변 공기로 퍼지게 되지요. 어휴, 냄새!

 나노기술

최근 연구자들은 **나노기술**에서 브라운 운동을 활용하는 방법을 찾고 있어요.

일본의 과학자들은 브라운 운동이 정보를 에너지로 바꿀 수 있다는 것을 증명했어요. 그들은 이러한 연구를 통해 언젠가는 전화기 같은 스마트 기기가 스스로 전력을 공급할 수 있기를 희망하지요.

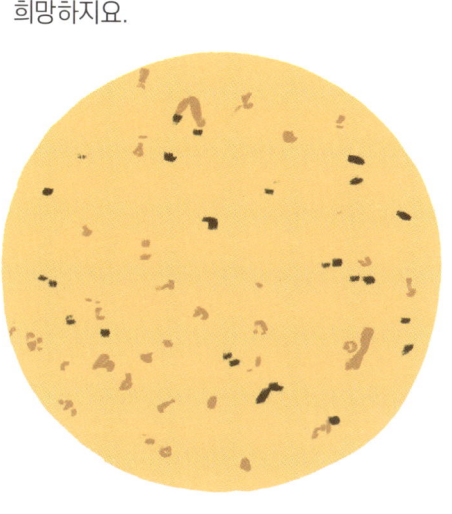

원소

화학 원소는 한 가지 종류의 원자가 들어 있는 물질이에요(물질에 두 가지 이상의 원자가 있다면, 그것은 화합물이에요).
원소는 일반적인 화학 반응에 의해 더 단순한 물질로 분해될 수 없는 모든 물질을 뜻해요.

원소는 모든 물질의 구성 요소이며 고체, 액체, 기체 등 어떤 상태로도 존재할 수 있지만,
대부분은 실온에서 고체예요. 실온에서 기체인 원소는 비활성기체와
수소(H), 산소(O), 질소(N), 플루오린(F), 염소(Cl) 등 열한 가지뿐이고, 액체인 원소는
브로민(Br)과 수은(Hg) 두 가지예요.

원소의 개수

오늘날 알려진 화학 원소는 118가지예요. 이 중 92개만이 자연에서 발견되며, 그중 마지막으로 발견된 것은 1789년에 발견된 우라늄(U)이에요. 나머지는 실험실에서 만들어진 것이지요. 이렇게 인공적으로 만들어진 최초의 원소는 1937년에 합성된 테크네튬(Tc)이에요.

주기율표

과학자들은 화학 원소들을 주기율표에 정렬했어요. 화학 원소의 위치는 그 원소의 성질을 알려 줘요. 원소는 세계적으로 통용되는 화학 기호로 나타내지요. 이는 과학자들이 어디에 있든, 어떤 언어를 사용하든 동일한 기호를 사용한다는 것을 의미해요! 기호는 주로 라틴어 이름에서 비롯되었어요.

금 - 금을 뜻하는 라틴어 aurum에서 유래한 기호 Au
은 - 은을 뜻하는 라틴어 argentum에서 유래한 기호 Ag
납 - 라틴어 plumbum에서 유래한 기호 Pb
나트륨 - 라틴어 natrium에서 유래한 기호 Na

1 H																	2 He
3 Li	4 Be											5 B	6 C	7 N	8 O	9 F	10 Ne
11 Na	12 Mg											13 Al	14 Si	15 P	16 S	17 Cl	18 Ar
19 K	20 Ca	21 Sc	22 Ti	23 V	24 Cr	25 Mn	26 Fe	27 Co	28 Ni	29 Cu	30 Zn	31 Ga	32 Ge	33 As	34 Se	35 Br	36 Kr
37 Rb	38 Sr	39 Y	40 Zr	41 Nb	42 Mo	43 Tc	44 Ru	45 Rh	46 Pd	47 Ag	48 Cd	49 In	50 Sn	51 Sb	52 Te	53 I	54 Xe
55 Cs	56 Ba	57-71	72 Hf	73 Ta	74 W	75 Re	76 Os	77 Ir	78 Pt	79 Au	80 Hg	81 Tl	82 Pb	83 Bi	84 Po	85 At	86 Rn
87 Fr	88 Ra	89-103	104 Rf	105 Db	106 Sg	107 Bh	108 Hs	109 Mt	110 Ds	111 Rg	112 Cn	113 Nh	114 Fl	115 Mc	116 Lv	117 Ts	118 Og

		57 La	58 Ce	59 Pr	60 Nd	61 Pm	62 Sm	63 Eu	64 Gd	65 Tb	66 Dy	67 Ho	68 Er	69 Tm	70 Yb	71 Lu
		89 Ac	90 Th	91 Pa	92 U	93 Np	94 Pu	95 Am	96 Cm	97 Bk	98 Cf	99 Es	100 Fm	101 Md	102 No	103 Lr

원자번호

원소의 원자번호는 각 원자가 가지고 있는 **양성자**의 개수예요. 원자번호는 주기율표에서의 위치에 영향을 줘요. 수소(H)는 하나의 양성자를 가지고 있기에 첫 번째 원소이고 원자번호가 1이 되지요. 금(Au)은 원자에 79개의 양성자가 있기 때문에 원자번호가 79가 되고요.

성질

주기율표에서 원소는 각각의 성질에 따라 족으로 분류돼요. 예를 들어 비활성기체는 하나의 족을 이뤄요. 비활성기체에는 헬륨(He), 제논(Xe), 네온(Ne), 라돈(Rn), 아르곤(Ar)이 있어요.

초기의 생각

기원전 450년경부터 2,000년 동안 유럽 사람들은 흙, 공기, 불, 물을 원소라고 믿었어요. 중세 시대에 **연금술사**들은 거기에 두 가지 새로운 원소인 황(가연성을 의미함)과 수은(휘발성을 의미함)을 추가했어요. 세 번째 원소인 소금(견고함)은 1500년대에 추가되었고요.

1661년 영국의 화학자 로버트 보일은 원소에 관한 새로운 가설을 제안했는데, 작은 입자(오늘날 우리가 원자라고 부르는 것)들이 서로 결합하여 다른 물질을 만들 수 있다는 것이었어요.

1789년 프랑스의 화학자 앙투안 라부아지에는 로버트 보일의 정의대로 물질은 결합하거나 분해될 수 있다고 가정하고 최초의 원소 목록을 발표했어요. 라부아지에의 첫 번째 목록에는 33개의 원소가 포함되었는데, 그중 23개는 지금도 원소로 간주되지요.

그냥 궁금해요

수소(H)는 가장 가벼운 원소이며 우주에서 가장 풍부한 원소예요.

화합물

화합물은 서로 다른 화학 원소의 원자들로 이루어진 물질이에요.

원자들이 서로 결합하여 만들어진 화합물은 고유한 특성을 가진 하나의 물질처럼 행동해요. 화합물을 이루고 있는 원소의 성질과는 전혀 다른 성질을 가지게 되지요. 소금(염화나트륨)이 바로 그러한 예에요!

 소금

염화나트륨(NaCl)은 나트륨 원자와 염소 원자가 일대일로 결합한 화합물이에요. 나트륨(Na)은 물에 넣으면 격렬하게 반응하는 금속이고, 염소(Cl)는 유독 가스예요. 하지만 같은 비율로 결합하면 음식의 조미료로 쓰이는 안전한 소금이 돼요!

물

물(H_2O)도 화합물이에요. 물은 수소(H) 원자 2개와 산소(O) 원자 1개로 구성되어 있어요.

우리 주변의 화합물

우리 주변에는 엄청나게 많은 화합물이 있어요. 아마도 6,100만 개에 달할 거예요! 더 많은 화합물이 매일 실험실에서 합성되고 있어요. 다른 화합물을 결합하여 새로운 화합물을 만들 수도 있답니다.

예를 들어, 어떤 물질이 가열될 때 일어나는 화학 반응은 원자들을 결합시켜 새로운 화합물을 만들 수 있어요. 화합물의 세계는 흥미진진하고 가능성은 끝이 없어 보이지요.

연구

화학자는 신약을 개발하고, 접착제나 청소용품 등을 만들어 내요. 기업에서는 더 좋은 제품을 만들기 위해 화학자를 고용하여 새로운 화합물을 연구, 개발하도록 하지요.

결합

일단 화합물이 만들어지면 분해하기 어려울 수 있어요. 화합물은 단지 물리적으로 결합되어 있어 다시 쉽게 분리할 수 있는 혼합물과는 달라요. 화합물이 만들어질 때 화학 결합이 생성되고, 그 결과 완전히 새로운 물질이 되지요.

혼합물

혼합물은 두 가지 이상의 원소나 화합물이 섞여 있는 물질이에요. 혼합물은 고체, 액체 또는 기체일 수 있어요. 혼합물은 구성 물질이 화학적으로 반응하여 새로운 분자 결합을 형성한 것이 아니기 때문에 화합물과는 달라요. 혼합물을 구성하고 있는 물질은 각각의 고유한 성질을 그대로 유지하고 있어요.

혼합물은 **여과, 증발, 증류**(96~99쪽 참조)와 같은 물리적 과정을 통해 분리할 수 있어요. 예를 들어 바닷물을 증발시키면 두 가지 주요 성분인 물(H_2O)과 소금, 즉 염화나트륨(NaCl)으로 분리돼요. 바닷물에는 그 외의 다른 화합물도 섞여 있지요.

바닷물

바닷물은 용액이에요. 용액은 한 물질이 다른 물질에 용해된(녹아 있는) 것이지요.

용액의 또 다른 예로 설탕물을 들 수 있는데, 뜨거운 물에 설탕을 넣고 녹을 때까지 휘저으면 돼요.

용액

용액은 용질과 용매로 이루어져요. 용질은 녹아 들어가는 물질이고, 용매는 용질을 녹이는 물질이에요.

용액은 균일 혼합물이에요. 균일 혼합물은 혼합물을 이루고 있는 모든 성분이 고르게 섞여 있는 혼합물을 말해요. 바닷물에서 소금은 용질이고 물은 용매이지요.

현탁액

또 다른 혼합물로 현탁액이 있어요. 진흙탕은 물과 진흙의 현탁액으로, 진흙은 용해된 것이 아니라 단지 물에 떠 있는 상태이지요.

물속의 모래 역시 불균일 혼합물로, 물질이 전체에 고르게 분포되어 있지 않아요.

불균일 혼합물을 저어서 가라앉게 놔두면 고체의 일부가 용기 바닥으로 가라앉을 거예요. 가라앉은 입자는 여과를 통해 분리할 수 있어요.

혼합물

고체 혼합물도 있어요. 흙과 암석은 대부분 서로 다른 물질이 섞인 혼합물이에요.

샐러드드레싱과 같은 액체 혼합물도 있어요. 드레싱은 기름과 다른 액체가 결합하여 유화액 상태를 이뤄요. 시간이 지나면 성분별로 분리될 수 있으므로 드레싱을 사용하기 전에는 흔들어서 다시 섞어 주어야 해요.

혼합 기체

기체도 혼합물이 될 수 있어요. 우리가 호흡하는 공기는 질소, 산소 및 기타 가스가 섞여 있는 혼합물이지요.

입자가 너무 작아서 물리적 수단으로는 분리할 수 없기 때문에 혼합된 기체를 분리하는 일은 훨씬 더 어려워요. 한 가지 방법은 기체 중 하나를 녹일 용매를 찾아 용액에서 기체를 자체적으로 제거하는 것이에요.

콜로이드

여러분은 우유를 마시거나 시리얼에 넣는 것을 좋아하나요? 믿거나 말거나 우유는 콜로이드 상태의 혼합물로, 불균일 혼합물이에요. 유지방의 작은 입자가 물에 떠 있지요. 콜로이드 상태의 입자는 시간이 지나도 바닥에 가라앉지 않고 떠 있는 상태를 유지해요.

합금

합금은 서로 다른 금속이 결합된 혼합물이에요. 합금은 합금을 이루고 있는 각각의 금속과는 다른 성질을 가져요. 예를 들어, 니켈(Ni)이나 크로뮴(Cr)을 강철에 첨가하면 녹스는 것을 방지할 수 있어요.

물질의 상태

27

2장

화학적 구성 요소

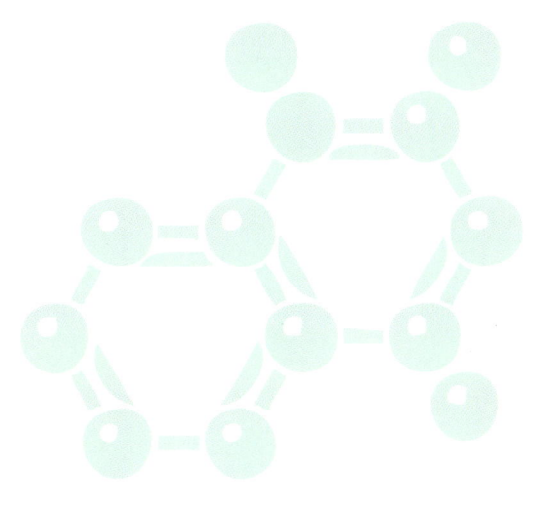

우리는 '물질'로 이루어진 우주에 살고 있어요. 물질은 킬로그램이나 파운드로 측정되는 질량을 가지며 부피(크기)가 있어 공간을 차지하는 모든 것을 말해요.

물질은 원자와 분자라는 작은 입자들로 이루어져 있어요. 이러한 미세한 입자가 결합하여 모든 것을 구성하지요. 원자는 마치 블록처럼 맞춰져서 서로 다른 물질들을 만들어 내요. 분자는 두 개 이상의 원자들로 이루어져 있으며 화학 결합에 의해 유지되지요. 고분자는 더 작은 분자들이 계속 결합하여 큰 분자를 이룬 것이에요.

원자를 넘어

과학자들은 20세기 초반에 처음으로 원자를 이해하기 시작했어요. 그들은 물질의 기초를 다 이해했다고 생각했으나 그것은 틀린 생각이었지요.

스위스의 천문학자 프리츠 츠비키는 1930년대에 우주의 일부가 완전히 다른 물질로 이루어져 있다고 주장했어요.

암흑 물질

과학자들은 우주에 암흑 물질이라고 부르는 전혀 다른 형태의 물질도 포함되어 있다고 생각해요. 암흑 물질은 직접 볼 수 없어요. 그것은 빛을 흡수하거나 반사하거나 방출하지 않아요. 그러니 '암흑' 물질이라고 불리는 것도 당연하지요! 과학자들은 여전히 암흑 물질과 그것이 하는 일을 알아내고 있어요.

보통의 물질도 단지 평범하다고 해서 재미없고 별것 아닌 존재는 아니에요.

엄청나게 작은 원자들이 여러분이 보고 만질 수 있는 모든 것을 이루고 있어요. 놀랍지 않나요?

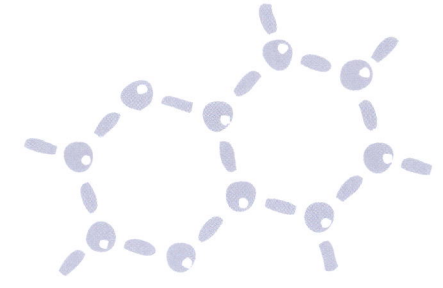

원자

원자는 우주에 존재하는 모든 물질을 구성하는 기본 단위예요. 원자는 놀랍도록 작아서 핀으로 뚫은 작은 구멍보다도 작아요. 매우 강력한 현미경으로만 원자를 볼 수 있어요. 사람 몸에는 무려 10^{27}개의 원자가 있어요!

원자는 양성자, 중성자, 전자라는 훨씬 더 작은 입자들로 구성되어 있어요.

원자의 중심에는 원자핵이 있어요. 원자핵은 양전하를 띠는 양성자와 중성을 띠는 중성자로 이루어져 있어요. 음전하를 띤 전자는 반대 전하를 띤 양성자를 끌어당겨요. 전자는 마치 지구를 도는 인공위성처럼 핵을 중심으로 작은 궤도를 이루며 회전하고 있어요.

주기

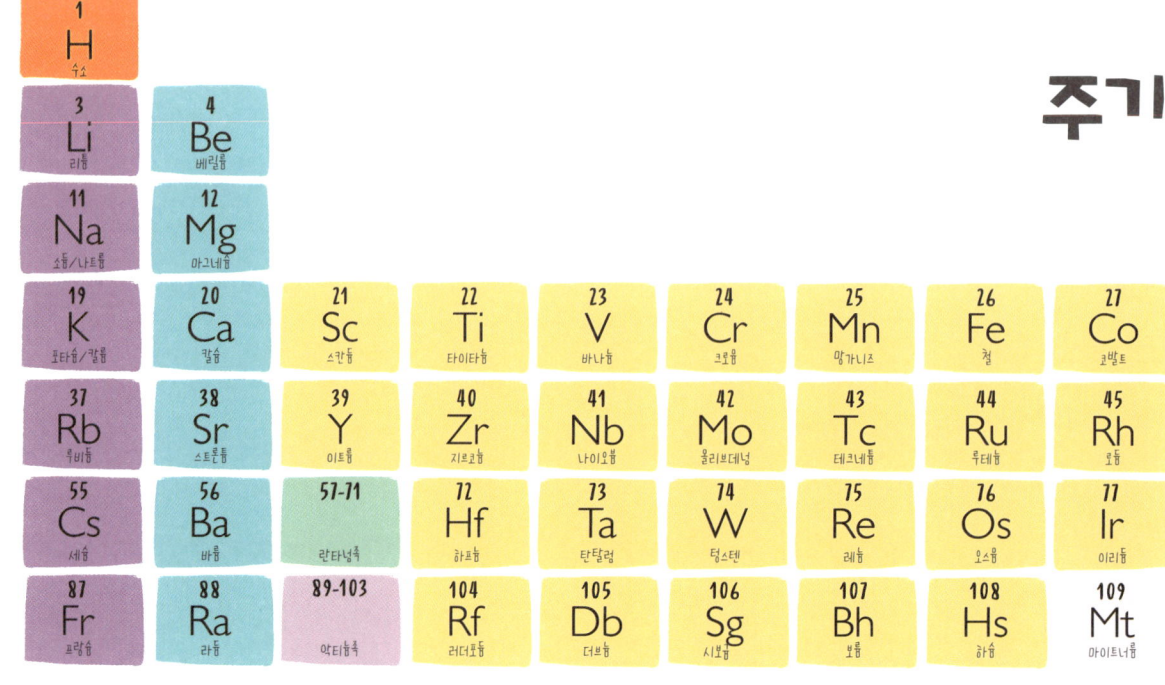

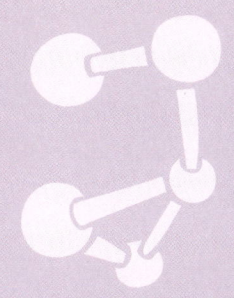

각각의 원소는 서로 다른 원자로 이루어져 있어요. 원자에 포함된 양성자의 개수에 따라 원소의 종류가 결정돼요. 양성자의 개수가 원자번호가 되지요.

주기율표는 원자번호 순서로 배열되어 있어요. 원자핵에 하나의 양성자를 가진 원자는 수소(H)예요. 두 개의 양성자를 가진 원자는 헬륨(He)이고요. 주기율표에서 찾을 수 있나요?

화학에서는 원소의 전자가 다른 원자와 쌍을 이루거나 공유하는 방식을 살펴봐요. 때때로 전자들은 완전히 다른 원자로 이동하여 이온(전하를 띠는 원자 또는 분자)을 생성하기도 해요.

율표

					2 He 헬륨
5 B 붕소	6 C 탄소	7 N 질소	8 O 산소	9 F 플루오린	10 Ne 네온
13 Al 알루미늄	14 Si 규소	15 P 인	16 S 황	17 Cl 염소	18 Ar 아르곤

28 Ni 니켈	29 Cu 구리	30 Zn 아연	31 Ga 갈륨	32 Ge 저마늄	33 As 비소	34 Se 셀레늄	35 Br 브로민	36 Kr 크립톤
46 Pd 팔라듐	47 Ag 은	48 Cd 카드뮴	49 In 인듐	50 Sn 주석	51 Sb 안티모니	52 Te 텔루륨	53 I 아이오딘	54 Xe 제논
78 Pt 백금	79 Au 금	80 Hg 수은	81 Tl 탈륨	82 Pb 납	83 Bi 비스무트	84 Po 폴로늄	85 At 아스타틴	86 Rn 라돈
110 Ds 다름슈타튬	111 Rg 뢴트게늄	112 Cn 코페르니슘	113 Nh 니호늄	114 Fl 플레로븀	115 Mc 모스코븀	116 Lv 리버모륨	117 Ts 테네신	118 Og 오가네손

64 Gd 가돌리늄	65 Tb 터븀	66 Dy 디스프로슘	67 Ho 홀뮴	68 Er 어븀	69 Tm 툴륨	70 Yb 이터븀	71 Lu 루테튬
96 Cm 퀴륨	97 Bk 버클륨	98 Cf 캘리포늄	99 Es 아인슈타이늄	100 Fm 페르뮴	101 Md 멘델레븀	102 No 노벨륨	103 Lr 로렌슘

화학적 구성 요소

분자

분자는 두 개 이상의 원자가 화학 결합을 해서 만들어져요.
분자는 물질의 성질을 지닌 가장 작은 입자예요.

물의 화학식은 H_2O예요. 이것은 물 분자가 수소 원자 두 개와 산소 원자 한 개로 이루어져 있다는 것을 의미해요. 단순히 수소와 산소를 섞었다고 해서 물이 만들어지는 것은 아니에요. 수소와 산소가 화학 결합을 해야 물이 만들어진답니다.

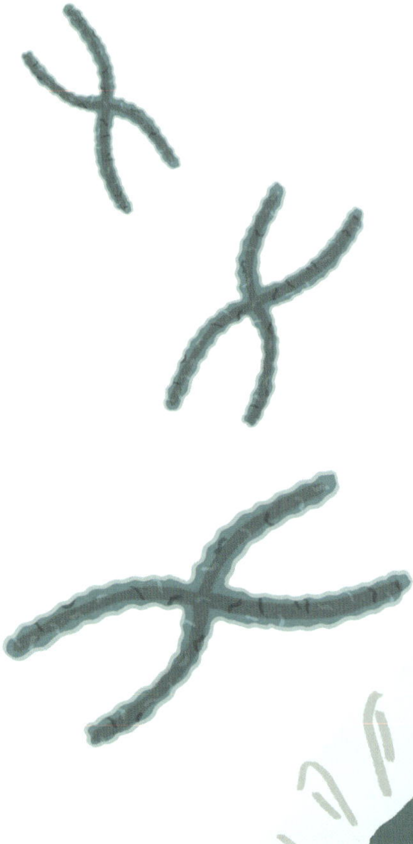

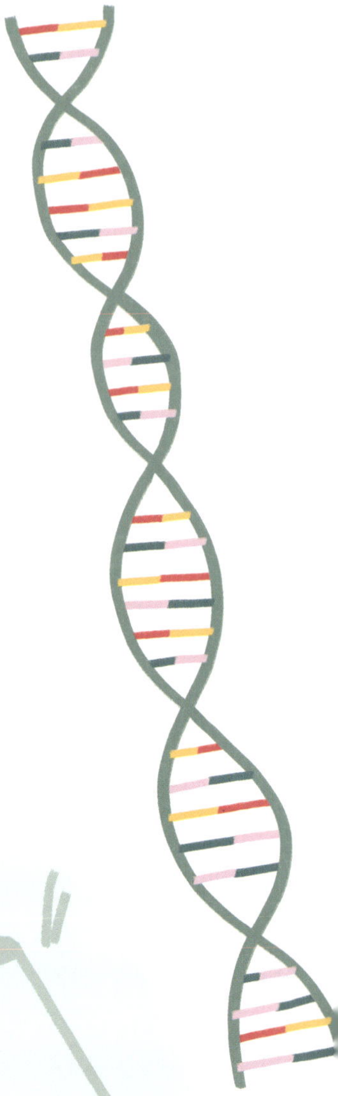

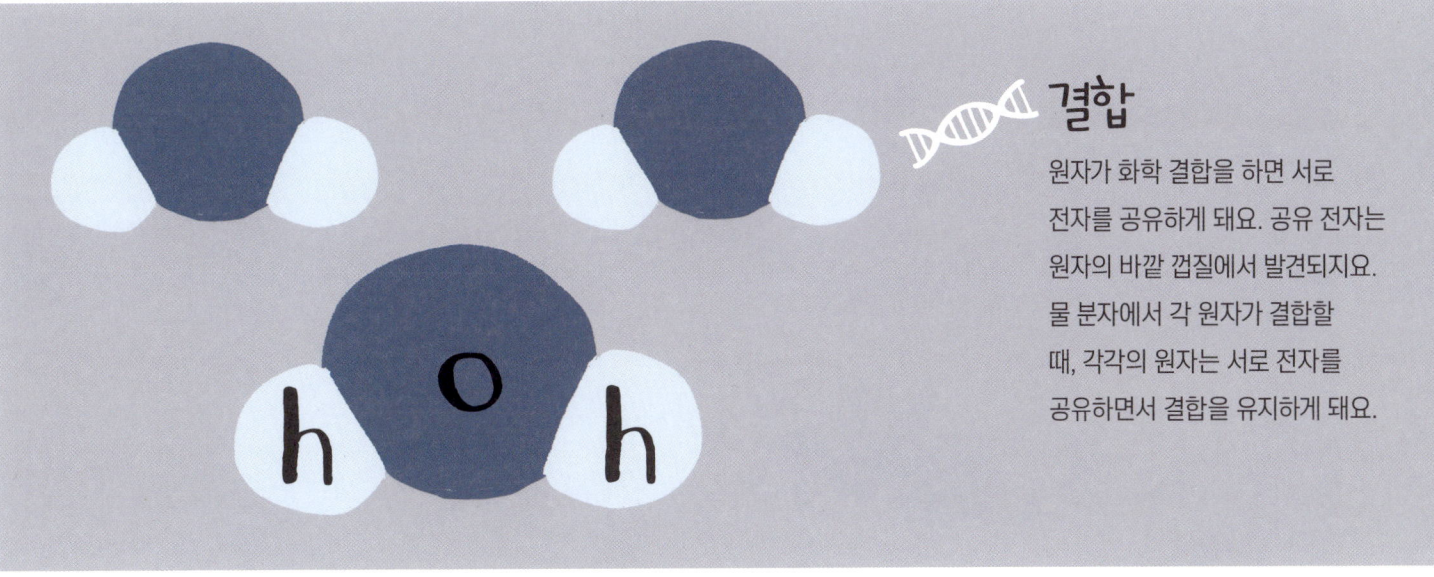

결합

원자가 화학 결합을 하면 서로 전자를 공유하게 돼요. 공유 전자는 원자의 바깥 껍질에서 발견되지요. 물 분자에서 각 원자가 결합할 때, 각각의 원자는 서로 전자를 공유하면서 결합을 유지하게 돼요.

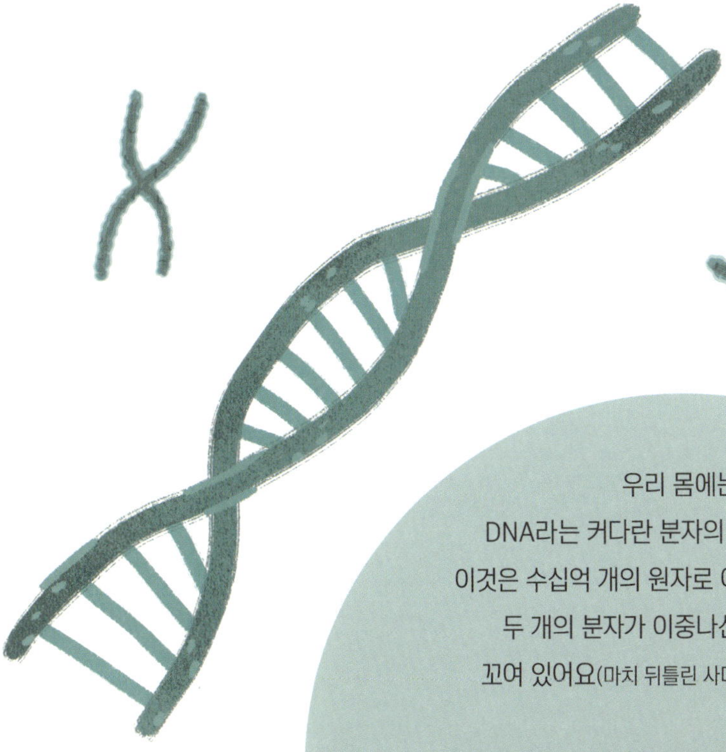

우리 몸에는 DNA라는 커다란 분자의 사슬이 있어요. 이것은 수십억 개의 원자로 이루어진 고분자로, 두 개의 분자가 이중나선 형태로 서로 꼬여 있어요(마치 뒤틀린 사다리처럼 보이지요).

염색체는 DNA와 단백질로 이루어져 있으며 작고 벌레처럼 생겼는데, 세포핵에서 발견돼요. 염색체는 매우 작아서 현미경으로만 볼 수 있어요. 염색체는 유전 정보를 전달해요. 우리를 포함한 모든 생명체는 고유의 유전 정보를 가지고 있답니다.

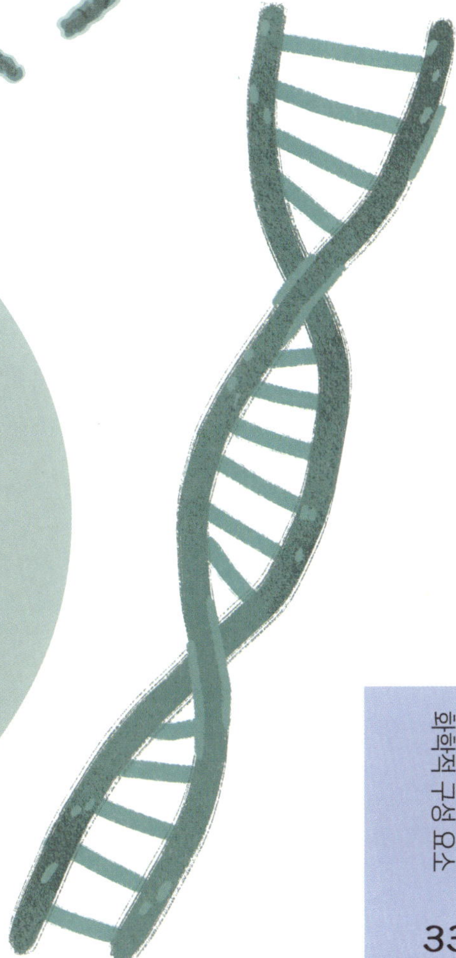

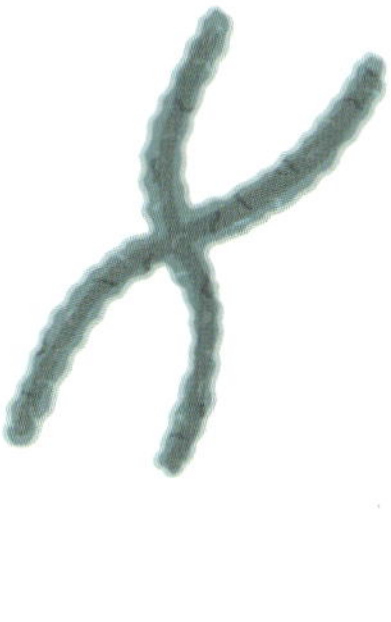

고분자

혹시 오늘 페트병에 담긴 음료를 마셨나요? 아니면 물건을 사서 비닐봉지에 담았나요?
나일론으로 된 옷이나 우비를 입었나요? 혹은 종이에 뭔가를 썼나요?
이 중 하나라도 해당한다면, 여러분은 **고분자** 물질을 사용한 것이에요!

어떤 고분자 물질은 자연에서 발견돼요. 셀룰로스는 식물의 세포벽에서 발견되는 강한 고분자 물질로, 식물이 서 있을 수 있도록 해 준답니다. 나무, 종이, 목화에는 모두 셀룰로스가 들어 있어요. 셀룰로스는 대마나 목화 같은 식물에서 섬유를 만들어요. 이러한 천연 고분자 물질은 강도가 높기에 섬유를 꼬아서 강한 실을 만들 수 있고 그것으로 직물을 만들 수 있지요.

셀룰로스는 채소와 같은 음식에도 들어 있는 섬유소예요. 섬유소는 우리 몸에서 소화되지는 않지만, 소화기관이 건강하게 작용하는 것을 돕지요.

합성 고분자

합성 고분자는 **단위체**라고 부르는 작은 분자들이 반복적으로 결합하여 이루어진 거대한 분자예요.

일부 플라스틱은 땅에서 추출한 원유로 만들어져요. 원유를 정제하고 단위체로 분해하여 고분자 물질인 플라스틱을 만들지요.

만드는 방법에 따라 단단한 플라스틱이 되기도 하고 부드러운 플라스틱이 되기도 해요.

놀라운 호박

광물인 호박(amber)은 화석화된 나무 수지로, 천연 고분자 물질이에요. 끈적끈적한 수액이 오랜 세월 동안 굳어져서 호박이 돼요. 그래서 호박에서는 오래전에 그 안에 갇힌 고생물이 발견되기도 해요. 영화 <쥬라기 공원>에서 호박 안에 갇힌 모기가 나왔던 것처럼 말이에요.

영화에서 과학자들은 호박 속 모기 화석에서 공룡의 피를 뽑아 DNA를 추출하여 공룡을 살려내지요. 비록 현실에서는 불가능한 일이지만요!

 동위원소

동위원소는 양성자의 개수는 같지만 중성자의 개수는 다른 원소를 말해요.
동위원소는 평범한 원소보다 불안정해요. 방사성 동위원소의 원자는 에너지나 입자를 방출해요.
붕괴하면서 양성자의 개수가 변해서 다른 원소로 변하지요.
방사선이라고 부르는 이런 에너지에 노출되면 인체에 해롭다고 알려져 있는데,
동위원소의 방사능 붕괴는 의학에서 유용하게 쓰일 수 있어요.

예를 들면 바륨 동위원소는 엑스선 검사에서 하얗게 나타나므로 음식물이 위장을 통해 이동하는 경로를 알 수 있게 해 줘요. 그래서 병을 진단하고 치료하는 데 도움을 주지요.

테크네튬-99m은 추적자로 사용돼요. 그것을 환자의 몸에 주입하면 몸 전체를 돌아다니게 되고 거기서 나온 방사선을 추적하지요. 의사들은 영상을 보고 장기의 기능, 뼈의 성장 정도 등을 알 수 있어요.

이러한 방식으로 사용되는 방사성 동위원소는 환자의 신체에 해를 입히기 전에 빠르게 붕괴된답니다.

 방사선 요법

방사선 요법은 암을 치료하기 위해 방사성 동위원소를 사용하는 치료법이에요. 방사성 동위원소는 암세포 분자의 활동을 방해하고 DNA 분자를 파괴하여 암세포를 죽여요. 치료 과정에서 환자가 통증을 느끼는 부작용을 일으킬 수 있지만, 방사선 요법은 암을 퇴치하는 데 중요한 도구예요.

 ## 동위원소의 위험성!

동위원소는 위험할 수도 있어요. 플루토늄-239와 우라늄-235는 세계에서 가장 파괴적이고 치명적인 무기인 핵무기를 만드는 데 쓰여요.

플루토늄이나 우라늄 같은 방사성 물질의 원자핵에 단일 자유 중성자가 충돌하면 핵분열이 일어나요. 그 과정에서 2개 이상의 중성자가 핵에서 튀어나오면서 에너지를 방출하지요. 자유 중성자들은 다른 핵과 충돌하여 연쇄 반응을 일으키고, 그 결과 어마어마한 에너지가 방출되면서 끔찍한 일이 벌어지게 되지요.

원자 폭탄

제2차 세계대전이 끝날 무렵인 1945년, 미 공군은 일본 히로시마와 나가사키에 원자 폭탄을 터트렸어요.

그 결과 히로시마에서는 18,000명이 사망하였고 나가사키에서는 50,000~100,000명이 사망하는 치명적인 피해가 발생하였어요.

그 후 수십 년 동안 방사능 피폭으로 인한 사망자는 계속 늘어났어요. 1950년까지 340,000명 이상이 사망했지요.

전 세계의 많은 사람들은 핵무기는 너무 위험하며 다시는 사용해서는 안 된다고 생각해요.

나노입자

나노기술은 원자나 분자 수준, 즉 크기가 100나노미터 이하인 것을 다루는 과학 분야예요. 1나노미터(nm)는 0.000000001미터예요. '나노(Nano)'는 '10억분의 1'을 의미하므로 1나노미터는 10억분의 1미터이지요. 그게 얼마나 작은 것인지 힌트를 제공하자면, 머리카락 굵기의 약 25,000분의 1이랍니다. 여러분의 손톱은 1초당 1나노미터만큼 자라요. 놀랍죠?

미세 운동

나노입자는 매우 작아서 특별한 전자현미경으로만 볼 수 있어요. 나노입자는 이렇게 작지만 매우 유용하답니다! 같은 물질이라도 나노입자 상태가 되면 큰 입자 상태일 때와 다르게 행동하기도 해요.

예를 들어 금은 일반적으로 **반응성**이 크지 않아요. 그러나 나노 수준에서는 화학적 반응성이 커져요. 나노 수준에서는 원자와 분자가 더 쉽게 이동하지요. 나노입자는 다른 나노입자와 만날 수 있는 표면적이 훨씬 더 크므로 화학 반응이 쉽게 일어난답니다.

일상 속 나노입자

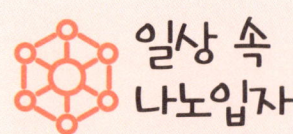

나노입자는 일상생활 속 여러 영역에서 사용돼요. 자외선 차단제에는 태양의 자외선(UV)을 차단하는 산화아연이나 산화티타늄의 나노입자가 포함돼요. 그래서 햇볕으로 인한 화상으로부터 우리를 보호해 줘요! 화장품에 나노입자가 들어가기도 하지요.

나노위스커

어떤 물질에는 직물을 보호하고 오염을 막아 주는 작은 섬유인 나노위스커(nanowhiskers)가 포함되어 있어요.

나노위스커는 자동차 범퍼에 사용되어 긁힘을 방지하거나 부식 방지 페인트를 만드는 데 사용되기도 해요.

은 나노입자 드레싱

콜로이드 상태의 은과 같은 나노입자는 상처를 치료하는 드레싱 용도로 쓰여요. 상처 부위를 깨끗하게 유지하고 감염으로부터 보호하는 역할을 하지요.

pH

과학자들은 용액이 산성인지 염기성인지 측정하는 척도로 pH(수소이온농도)를 사용해요.
pH는 0에서 14까지의 숫자로 나타내며, 0에서 7까지의 pH는 산(acid)을 나타내요.
숫자가 작을수록 산성이 강한 것을 뜻해요.
자동차의 배터리 산은 pH가 0이고, 레몬주스의 pH는 2 정도예요.

pH 측정

pH는 용액이 수성, 즉 물에 잘 녹는 성질일 때만 측정할 수 있어요.
식물성 기름이나 순수한 알코올과 같은 액체는 pH를 측정할 수 없어요.

염기

7부터 14까지의 pH는 염기(base)를 나타내요.
숫자가 클수록 염기성이 강해져요. 배수구 세정제의 pH는 14이고 표백제의 pH는 13이에요.

리트머스 시험지

pH를 측정하는 방법은 여러 가지가 있어요.
리트머스 종이는 저렴하고 사용하기 쉬워요.
리트머스 종이를 수용액에 담그면 용액의 성질에 따라 종이의 색이 변해요. 종이가 붉은색으로 변하면 그 용액은 산성이고, 종이가 푸른색으로 변하면 그 용액은 염기성이에요.

중성

pH가 7인 용액은 중성이에요. 증류수와 같은 액체이지요.

그냥 궁금해요

건강한 사람의 혈액은 pH 7.4 정도예요.
거의 중성이지요!

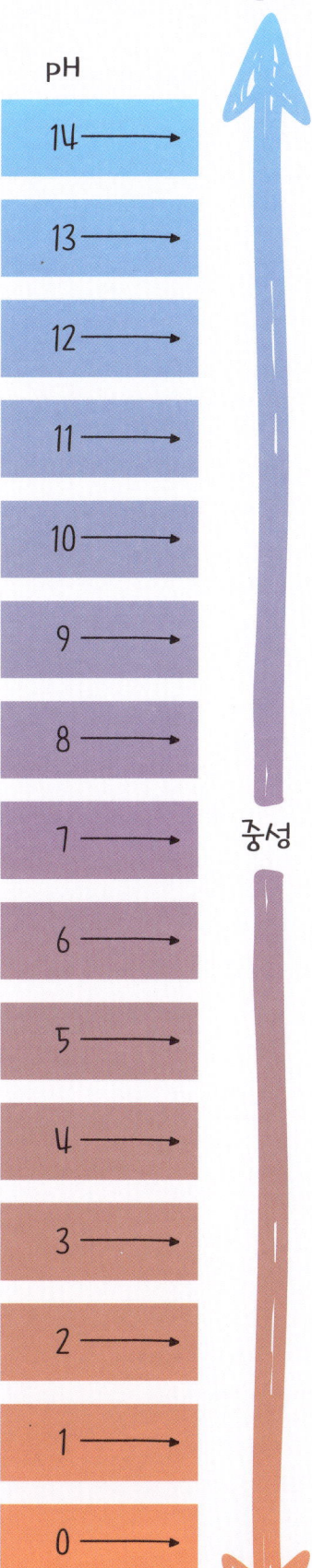

pH 예시

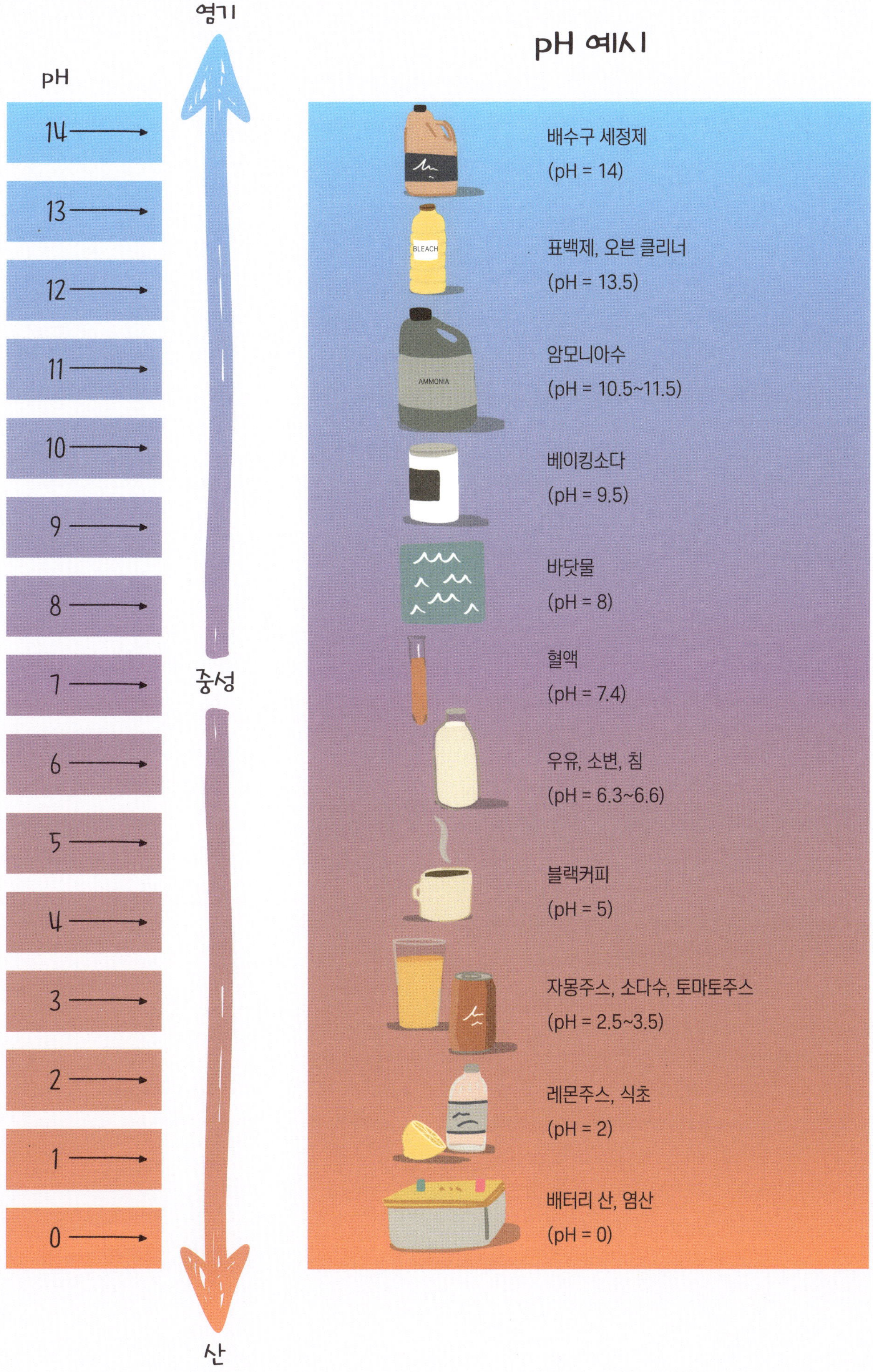

염기
pH
14
13
12
11
10
9
8
7
중성
6
5
4
3
2
1
0
산
BLEACH
AMMONIA
배수구 세정제
(pH = 14)
표백제, 오븐 클리너
(pH = 13.5)
암모니아수
(pH = 10.5~11.5)
베이킹소다
(pH = 9.5)
바닷물
(pH = 8)
혈액
(pH = 7.4)
우유, 소변, 침
(pH = 6.3~6.6)
블랙커피
(pH = 5)
자몽주스, 소다수, 토마토주스
(pH = 2.5~3.5)
레몬주스, 식초
(pH = 2)
배터리 산, 염산
(pH = 0)

 산

산은 pH가 7보다 낮은 화학 물질이에요. 산은 매우 위험할 수 있으므로 항상 주의해야 해요! 강산(강한산)은 피부에 심한 화상을 입힐 수 있어요.

 수소이온농도(pH)

모든 산에는 수소가 포함되어 있어요. pH의 'H'는 수소를 나타내지요. 산이 물에 용해되면, 산은 전하를 띤 원자 또는 이온의 형태로 수소를 방출해요. pH 1~3인 강산은 모든 양의 수소이온을 즉시 방출하고, 이 수소이온은 강력한 반응으로 다른 화학 물질과 결합할 수 있어요. pH 4~6인 약산(약한산)은 수소이온을 일부만 방출해요. pH에서 'p'는 산의 힘, 즉 산이 방출하는 수소이온의 양을 나타내요.

 산의 위험성!

산은 매우 위험할 수 있어요. 그러니 어른과 함께 확인해야 하고, 경고 표시가 있는 것은 절대 만지면 안 돼요.

 산의 성질

- 피부를 따끔거리게 하거나 화상을 입힐 수 있어요.
- 리트머스 종이를 붉게 변화시켜요.
- 전기가 통해요(산은 충전지에 쓰여요).
- 금속을 녹여요.
- 수소를 포함해요.

그냥 궁금해요

우리 몸에도 산이 있어요! DNA는 핵산이라고 하는 일종의 산이에요. 소화기관에서도 염산이 분비되어 음식의 소화를 돕지요.

방어!

일부 생물은 방어 수단으로 산을 내뿜어요! 개미는 개미산을 내뿜고, 일부 문어는 검은 먹물인 마그네타산을 내뿜어요.

건전지에는 황산이 들어 있어요.

식초에는 아세트산이 들어 있어요.

감귤에는 구연산이 들어 있어요.

요구르트에는 젖산이 들어 있어요.

화학적 구성 요소

43

염기와 알칼리

염기는 산과 화학적으로 반대예요. 다른 물질로부터 수소이온을 받는 물질이지요. 염기에는 강염기와 약염기가 있어요. **알칼리**는 pH가 7 이상인 용액으로, 염기가 물에 녹아서 만들어진 용액을 뜻해요. 염기 용액에 산을 첨가하면 pH 7로 중화시키거나 그 이하로 낮출 수 있어요.

알칼리의 위험성!

알칼리는 매우 위험하며 피부에 화상을 입힐 수 있어요. 화학 물질을 다룰 때는 반드시 어른과 함께 해야 하며 눈과 피부를 보호해 주는 보안경이나 장갑 등의 장비를 갖추어야 해요.

염기의 성질

- 촉감이 미끌미끌해요.
- pH 수치가 높을수록 염기성이 강해요.
- 먹을 수 있는 염기는 쓴맛이 나요.
- 물에 쉽게 용해돼요.
- 리트머스 종이를 푸르게 변화시켜요.
- 전기가 통해요.

일상생활 속의 염기

비누와 치약에는 약염기가 들어 있어요. 수산화나트륨은 세제, 비누, 종이를 만드는 데 사용돼요.

유용한 염기

수산화칼륨(수산화포타슘)은 토양의 산성화를 막아 식물이 잘 자랄 수 있도록 해 줘요. 수산화마그네슘은 위산의 농도를 낮추는 데 쓰이는 제산제이지요.

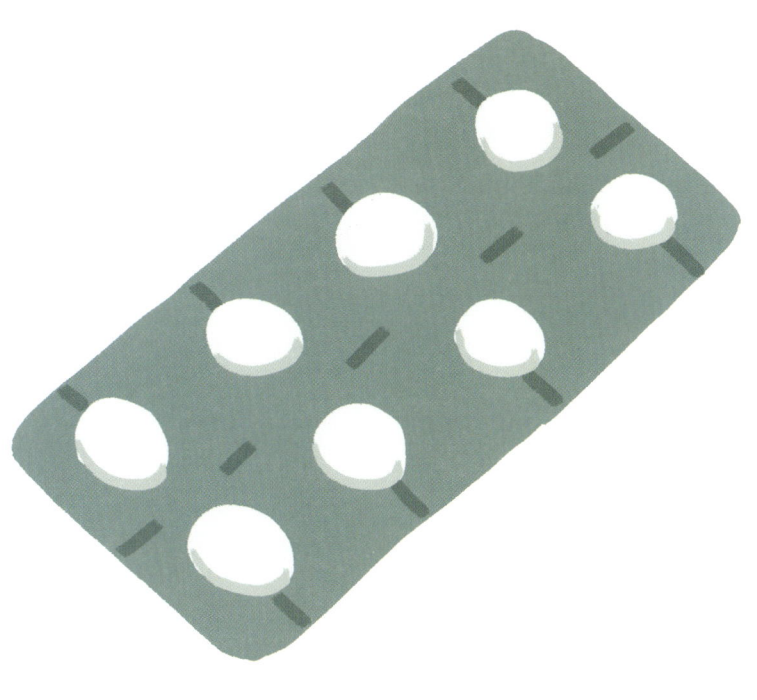

표백제

표백제나 배수구 세척제 같은 일부 청소 제품에는 강염기가 포함되어 있어 피부를 손상시킬 수 있어요.

그냥 궁금해요

'알칼리(alkali)'라는 말은 아랍어에서 재를 뜻하는 'quali'라는 단어에서 유래했어요. 재는 전통적으로 비누 제조에 사용되었으며, 대부분의 세제는 알칼리이지요!

건축 자재

탄산칼슘은 건물을 짓는 데 사용돼요. 모르타르와 시멘트의 원료이며 대리석과 석회석의 구성 성분이기도 해요.

화학적 구성요소

45

만능지시약

만능지시약은 용액의 pH를 알아내는 데 사용돼요.
만능지시약은 종이로 된 것을 쓰거나 액체로 사용해요. 만능지시약은 0~14의 pH 값을 정확하게 보여 주며, 변색 범위가 다른 다양한 지시약을 혼합하여 만들어요.

지시약의 변색

● 강산을 나타내요.

● 중성을 나타내요.

● 강염기를 나타내요.

pH 시험지

만능지시약으로 만들어진 pH 시험지를 사면, 각각의 pH에 해당하는 색이 표시된 표가 있어요. pH 시험지에 나타난 색을 표에 있는 색과 비교하여 pH 값을 읽으면 돼요.

그냥 궁금해요

붉은 양배추에 들어 있는 색소는 천연으로 만들어진 만능지시약이에요. 쉽게 만들어서 음료수나 비누 등의 pH 값을 알아볼 수 있어요.

먼저, 붉은 양배추를 잘게 자르고 물을 부어 몇 분간 끓여요. 완전히 식을 때까지 기다렸다가 액체를 걸러 내요. 이렇게 만든 양배추 지시약을 용기에 담고 pH를 알고 싶은 용액에 한두 방울 떨어뜨리면 돼요.

붉은 양배추 만능지시약

3장
생물의 화학

모든 생물은 살아가기 위해 화학 물질과 화학 반응을 이용해요.
인간을 포함한 모든 동물, 그리고 식물이 기능하려면
화학 물질과 화학적 과정이 필요하지요.
모든 생명체는 탄소를 기본으로 이루어져 있는데,
이는 생명체에 탄소 원자가 존재함을 의미해요.
나무, 식물, 고양이는 물론 우리 몸에도 탄소가 저장되어 있어요!
탄소는 우주에서 네 번째로 많은 원소예요.

생명체는 수소, 산소, 질소를 비롯해 다른 화학 물질들도 광범위하게 사용해요.
유황과 인 또한 모든 생명체를 이루는 핵심 물질이지요.
살아 있는 **유기체**는 이러한 화학 물질을 이용하여
탄수화물과 단백질 등 우리가 살아가고 성장하고 건강을 유지하는 데 꼭 필요한
분자를 만들어 내요.

물

지구의 대부분은 물로 덮여 있어요. 그래서 우주에서 보면 지구가 매우 파랗게 보이지요. 놀랍게도 지구 표면의 71%가 바다, 호수, 강으로 덮여 있어요.

물은 투명하고 맛도, 냄새도 없어요. 이 말만 들으면 물이 별로 흥미롭지 않게 보일 수 있지만 굽이치는 강, 쏟아지는 폭포, 폭풍우 치는 바다를 본다면 전혀 그런 생각이 들지 않을 거예요! 물은 액체, 기체, 고체의 형태로 어디에나 존재해요. 액체 상태의 물방울은 비처럼 떨어져요. 수증기는 공기 중에 떠 있는 보이지 않는 기체예요. 남극과 북극에서는 물이 얼어 고체 상태인 얼음으로 존재하지요.

물과 건강

지구상의 어떤 생명체도 물 없이는 살 수 없어요. 우리 몸은 60% 정도가 물로 이루어져 있어요. 물을 충분히 마시지 않으면 피곤하고 화가 나고 아프기까지 하지요.

물은 우리 몸 곳곳으로 필수 물질을 운반해 줘요. 몸에서 일어나는 대부분의 화학 반응에는 물이 필요해요. 만약 물이 부족해 탈수가 일어나면 화학 반응이 제대로 일어나지 않고 건강에 나쁜 영향을 미치게 되지요!

식물이 시드는 것을 본 적이 있나요? 식물은 물 없이는 제대로 활동할 수 없으므로 물을 주지 않으면 식물의 잎이 처지고 결국 말라 죽게 돼요.

물의 온도 조절

물은 지구의 온도 조절에도 중요한 역할을 해요. 바다는 태양열을 저장하여 지구 온도와 기상 시스템에 영향을 미쳐요. 물은 또한 우리의 체온을 조절하는 역할도 하지요. 우리는 더우면 땀을 흘리는데, 땀은 90%가 물이에요. 땀이 증발하면서 우리 몸의 온도를 낮춰 주지요. 땀을 증발시키는 데 열이 필요하고 그 열을 우리 몸에서 가져가기 때문이에요.

 ## 물은 무엇으로 만들어질까요?

물은 작은 분자로 되어 있는데, 물 분자는 산소 원자 1개와 수소 원자 2개가 결합하여 만들어져요. 수소는 우주에서 가장 가볍고 가장 많은 원소예요. 산소는 세 번째로 많은 원소로, 다른 원소와 쉽게 결합하여 분자를 형성해요.

물 분자

 ### 그냥 궁금해요

물이 아주 차가워지면, 액체에서 고체 상태인 얼음으로 변해요. 추운 겨울날 얼어붙은 웅덩이를 본 적이 있거나 아이스크림을 즐겨 먹는 사람이라면 이런 현상에 익숙할 거예요. 하지만 얼음이 물보다 밀도가 낮다는 사실은 알고 있었나요? 그래서 얼음이 물에 뜨는 것이지요! **밀도**는 물질에서 분자가 얼마나 단단히 뭉쳐 있는지를 나타내는 척도예요. 얼음이나 거품처럼 물보다 밀도가 낮은 물질은 물에 뜨지요.

산소 O₂

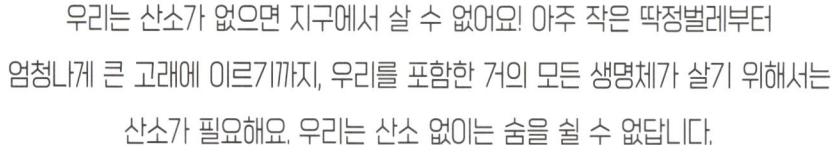

우리는 산소가 없으면 지구에서 살 수 없어요! 아주 작은 딱정벌레부터 엄청나게 큰 고래에 이르기까지, 우리를 포함한 거의 모든 생명체가 살기 위해서는 산소가 필요해요. 우리는 산소 없이는 숨을 쉴 수 없답니다.

O₂ 산소 순환

공기 중에 있는 산소는 대부분 식물에 의해 만들어져요. 우리를 포함한 동물은 호흡하며 그 산소를 들이마셔요. 산소를 이용하여 우리 몸의 시스템을 작동시키지요.

우리는 호흡할 때 이산화탄소를 내뿜어요. 식물은 이 이산화탄소를 흡수하고 탄소를 사용하여 영양분인 포도당을 만들어요. 그 과정에서 산소를 배출하고 순환이 다시 일어나지요.

식물이 산소를 내놓음
동물이 산소를 들이마심
식물이 이산화탄소를 흡수함
동물이 이산화탄소를 내놓음

O₂ 심호흡하기

모든 동물 세포는 **호흡**하기 위해 산소가 필요해요. 동물 세포가 기능하려면 산소가 필요하지요. 동물이 들이마신 산소와 음식으로부터 얻은 포도당(당)이 반응하여 에너지를 생성해요.

호흡은 산소를 흡수하고 이를 노폐물인 이산화탄소와 물로 교환하는 과정이에요. 호흡하면서 공급받은 산소는 적혈구를 통해 우리 몸 전체에 운반돼요.

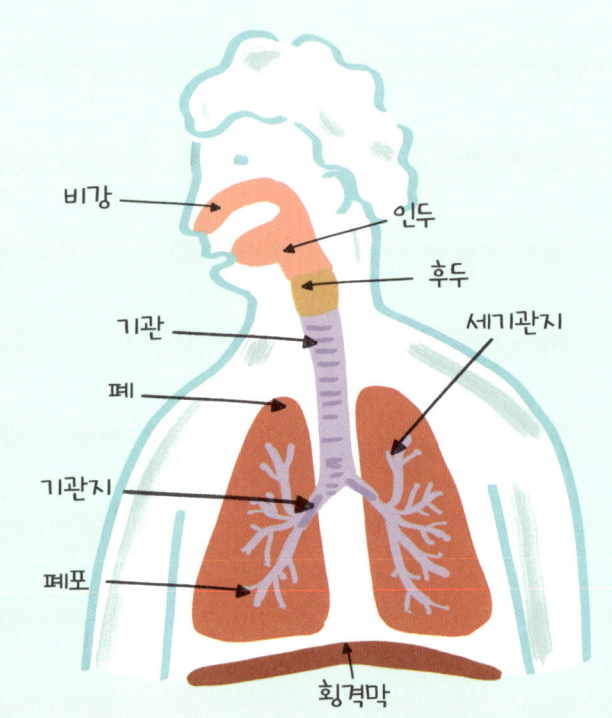

비강, 인두, 후두, 기관, 세기관지, 폐, 기관지, 폐포, 횡격막

칼 빌헬름 셸레는 1772년에 산소를 발견했어요. 산소는 물질을 태우는 데 필요했기 때문에 셸레는 산소를 '불 공기'라고 불렀어요. 과학자들은 물질이 타는 현상을 연소라고 불러요. 연소는 화학 반응이며, 열과 빛을 내고 다른 화학 물질을 방출해요.

가연성 물질(탈 수 있는 물질)이 산소와 함께 가열되면 불이 나기 시작해요. 이때 온도는 물질의 '발화점'보다 높아야 해요. 불꽃은 우리가 볼 수 있는 불의 형태이지요.

불꽃은 산소, 수증기, 이산화탄소로 구성돼요. 불꽃의 그을음은 연소되는 물질과 불순물에 따라 다르게 나타나요. 불꽃은 아름다운 빨간색, 주황색, 노란색으로 보여요!

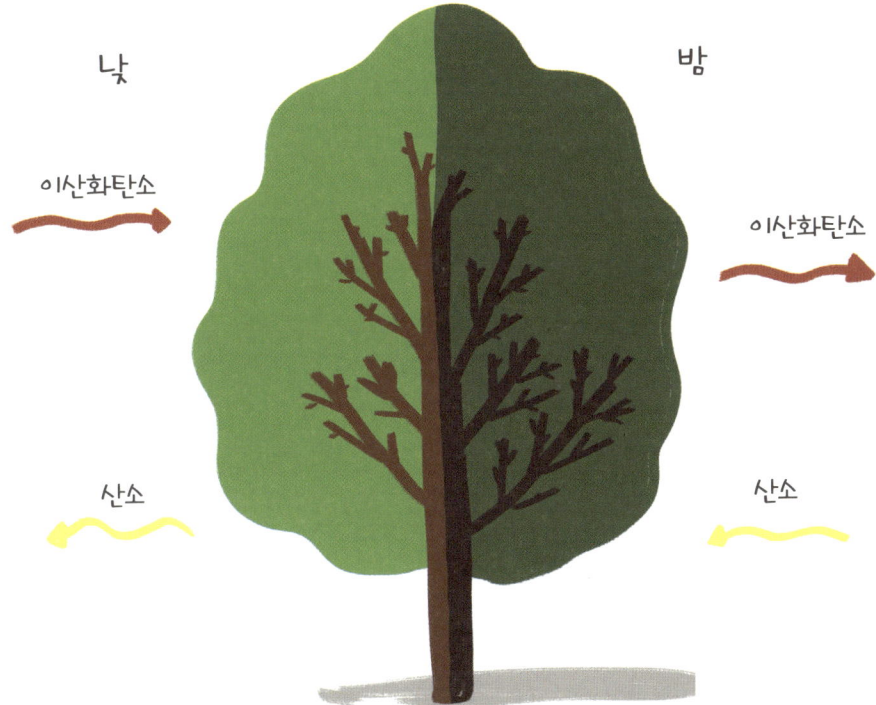

낮 / 밤 / 이산화탄소 / 산소

식물도 광합성으로 만든 포도당으로부터 성장과 재생산에 필요한 에너지를 얻기 위해 호흡을 해요.

식물은 어두워지면 광합성은 하지 않고 호흡만 해요. 왜냐하면 광합성을 하기 위해서는 햇빛이 필요하기 때문이에요. 그러므로 밤에는 식물도 산소를 흡수하고 이산화탄소를 방출해요. 낮에는 식물이 광합성을 하는 속도가 호흡하는 속도보다 빠르므로 산소가 방출되고 이산화탄소를 흡수하게 되지요.

그냥 궁금해요

물에 사는 동물은 아가미라는 신체 기관을 사용하여 물에 녹아 있는 산소를 흡수할 수 있어요. 물개와 악어 같은 일부 수중 동물은 공기에서 산소를 흡수하는 폐를 가지고 있어요. 그들은 숨을 쉬기 위해 수면으로 나와야 한답니다.

 # 이산화탄소

탄산음료를 좋아하나요? 유리잔 위로 올라오며 톡 쏘는 탄산의 맛을 만드는 반짝이는 공기 방울이 바로 이산화탄소예요!

CO_2

이산화탄소의 **화학식**은 CO_2예요. 이산화탄소 한 분자는 탄소 원자 1개와 산소 원자 2개로 이루어져 있어요. 이산화탄소는 지구 대기 중 약 0.041%를 구성하고 있어요.

 ## 광합성

나무나 식물이 **광합성**(태양에너지를 이용하여 양분을 만드는 과정, 64쪽 참조)을 할 때, 대기로부터 이산화탄소를 흡수해요. 이산화탄소가 대기 중에 너무 많이 쌓이는 것은 지구에 좋지 않은 영향을 주기 때문에, 식물의 이산화탄소 흡수는 바람직한 일이에요.

이산화탄소는 기후변화의 원인이 되는 **온실가스**(62~63쪽 참조)예요. 식물과 나무는 낮 동안 이산화탄소를 흡수하지만, 동물과 인간은 호흡을 통해 이산화탄소를 방출하지요.

신선한 공기

실내에서 답답하고 졸린 느낌이 든다면, 아마도 그곳에 있는 많은 사람이 이산화탄소를 내뿜고 있기 때문일 거예요. 이산화탄소는 신체 활동에서 나오는 노폐물이므로, 신선한 공기를 마시려면 창문을 열어야 해요!

? 그냥 궁금해요

이산화탄소는 어는점이 상당히 높아서 얼려서 '드라이아이스'의 형태로 보관할 수 있어요. 드라이아이스를 따뜻한 물에 넣으면 안개를 만들 수 있어 무대 연출에 쓸 수 있어요. 드라이아이스의 표면에서 이산화탄소 기체가 매우 차가운 상태로 방출되는데, 이것이 공기 중의 수증기를 응결시켜서 우리에게 안개로 보이는 작은 물방울을 만들게 되는 것이지요.

 # 탄소

모든 유기화합물에서 발견되는 탄소는 생명체에 절대적으로 필요한 원소예요.
유기화합물은 세포를 구성하고 있으며 먹고, 소화하고, 호흡하는 것과 같은
생명 유지에 꼭 필요한 과정을 수행하지요.

 ## 탄소 순환

인간을 포함한 동물은 음식을 먹을 때, 단백질과 탄수화물의 형태로 탄소를 섭취해요. 동물 세포 속에 있는 산소는 음식물과 결합하여 에너지를 만들어요. 동물은 그 에너지를 이용하여 움직이거나 성장할 수 있지요. 이 과정에서 노폐물로 탄소가 나와요. 탄소는 산소와 결합하여 이산화탄소를 형성하고, 동물은 숨을 내쉴 때 이산화탄소를 대기 중으로 방출해요.

탄소 원자는 생물, 대기, 바다, 토양, 지각에서 끊임없이 이동해요. 이것을 탄소 순환이라고 하지요.

 ## 다이아몬드

이 풍부한 **원소**인 탄소는 다양한 형태를 취할 수 있어요. 다이아몬드처럼 매우 단단한 형태로 존재할 수도 있지요. 그래서 다이아몬드는 절단 기계나 결혼반지에 사용돼요. 다이아몬드 결정은 여러 가지 모양으로 변형될 수 있어요. 가장 일반적인 형태는 다이아몬드 모양이지만 정육면체(큐브) 형태를 띨 수도 있어요. 다이아몬드는 매우 안정적인 구조를 갖는데, 그것이 다이아몬드의 강도가 높은 이유지요!

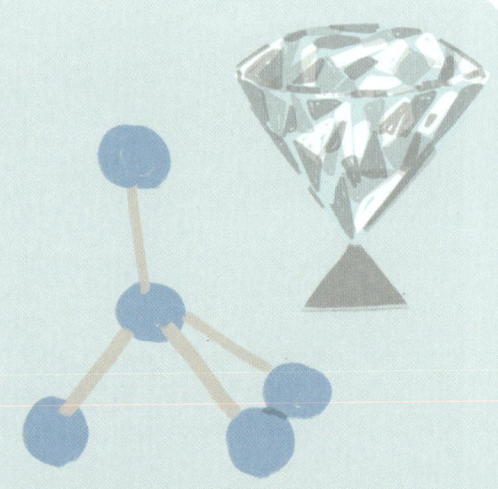

다이아몬드 분자 구조

흑연

탄소는 미끄럽고, 전기 **전도체**인 흑연이 될 수도 있어요. 흑연은 기계 부품과 같은 물체가 더 쉽게 움직이도록 해 주는 **윤활제**로 쓰여요. 또한 흑연을 종이에 문지르면 흑연의 일부가 종이에 남기 때문에 그림을 그리는 데도 사용할 수 있어요. 흑연은 탄소 원자가 육각형 형태로 배열된 구조를 가져요.

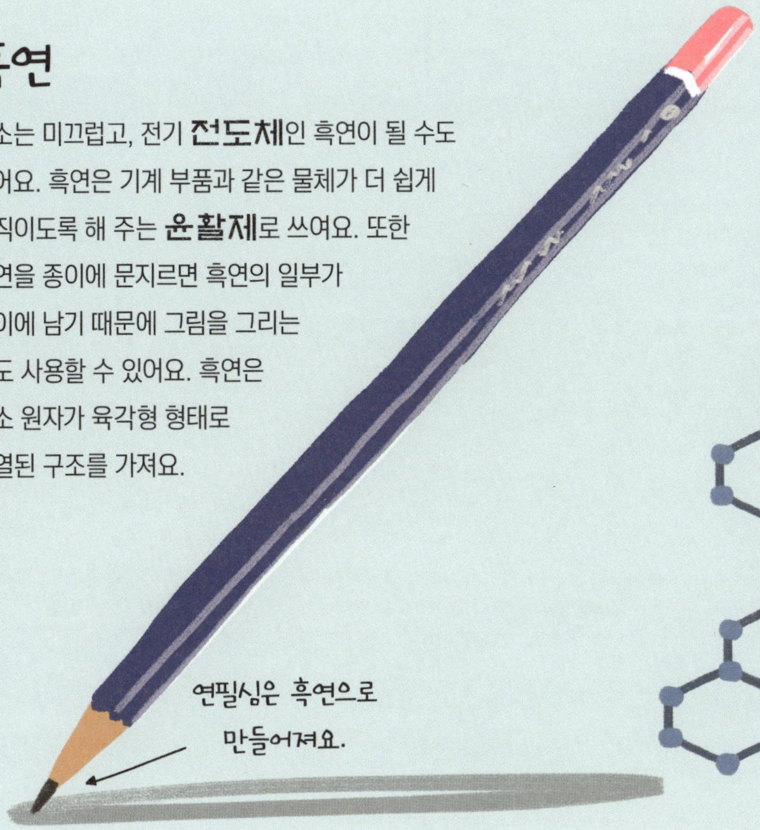

연필심은 흑연으로 만들어져요.

흑연 분자 구조

풀러렌

탄소의 또 다른 형태로 풀러렌(C_{60})이 있어요. 풀러렌은 1985년에 처음 발견된 **나노입자**예요. 풀러렌은 60개의 탄소 원자로 구성되어 있으며 속이 빈 축구공 모양이에요.

풀러렌은 독특해요. 한 가지 원소로 이루어져 있으면서 속이 빈 구형의 '공간'을 만드는 유일한 분자이지요. 풀러렌은 탄소 원자 60개가 12개의 오각형과 20개의 육각형으로 연결되어 있어요. '버키볼(buckyball)'이라는 별명을 가진 이 분자의 이름은 무거운 하중을 견딜 수 있도록 둥근 돔 구조로 건물을 설계한 미국의 발명가인 버크민스터 풀러의 이름을 따서 지어졌어요.

풀러렌은 매우 안정적이어서 과학자들은 이 작은 '공간'의 가능성을 주시하고 있어요. 버키볼을 초강력 건전지, 암 치료제, 로켓 연료, 새로운 형태의 플라스틱으로 이용하는 연구가 한창 진행 중에 있답니다.

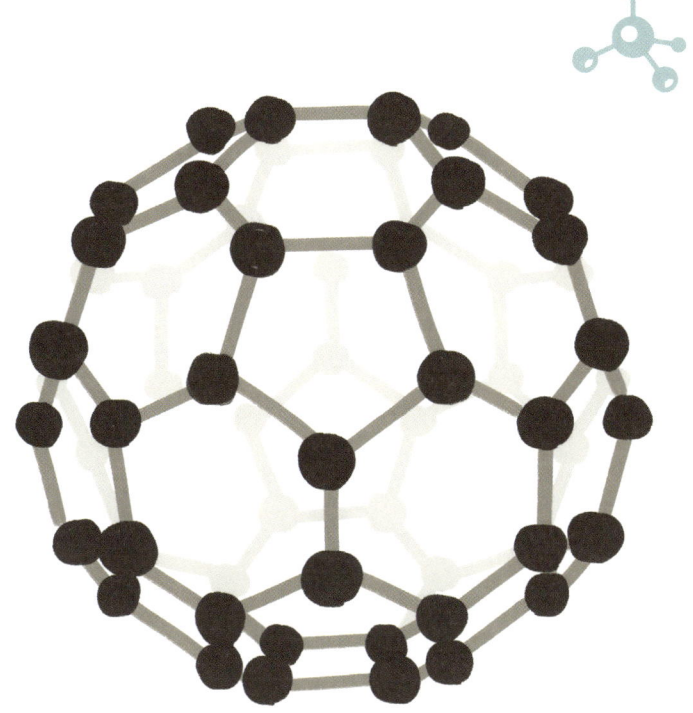

풀러렌(버키볼) 분자 구조

질소

여러분은 공기 중에 가장 많은 원소가 산소라고 생각하나요?
그렇다면 다시 생각해 봐요! 우리가 호흡하는 공기의 78%를 차지하는 것은 질소(N)랍니다.
질소는 투명하고, 냄새와 맛이 없는 기체예요.

엽록소

질소는 1772년 대니얼 러더퍼드가 발견했어요. 질소는 생명체 안에서 일어나는 여러 화학 반응에 필수적인 원소이지요. 질소는 식물의 **엽록소**(64쪽 참조), 단백질 그리고 동물의 **DNA**에서 발견돼요.

식물은 질소를 꼭 필요로 해요. 그래서 질소가 부족한 식물에 영양분을 공급하기 위해 토양에 질소를 공급해서 더욱 비옥하게 만들어 주기도 하지요.

그러나 단점도 있어요. 인간이 만든 질소화합물은 빗물에 씻겨서 강이나 하천으로 흘러들어 오염의 주범이 되기도 해요. 질소는 물고기 같은 수중 생물에게 독이 될 수도 있어요.

 탄산음료

많은 탄산음료에는 이산화탄소 기포가 들어 있지만, 맥주에는 주로 질소 기포가 들어가요. 질소 기포는 이산화탄소 기포보다 작으며, 맥주에서 부드럽고 크림 같은 거품을 형성하지요.

냉각제

질소는 식품 포장에 사용되기도 해요. 식품이 상하는 것을 방지하기 위해 산소를 제거하고 질소로 용기를 채워요. 식품을 상하게 하는 미생물(작은 형태의 생명체)은 호흡을 위해 산소가 필요한데, 질소는 호흡에 사용할 수 없으므로 음식이 더 신선하게 유지되는 것이지요. 또한 질소는 컴퓨터의 과열을 방지하기 위한 냉각제로도 쓰여요. 질소 치료는 피부에 난 사마귀를 얼려서 제거하는 데에도 사용되지요!

질소의 힘!

질소화합물인 아산화질소는 병원이나 치과에서 종종 사용되는 기체예요. 아산화질소는 통증을 줄여 주고 불안함을 느끼는 환자들을 편안하게 해 줄 수 있지요. 아산화질소는 사람들을 웃게 만들기 때문에 '웃음 가스'로 알려져 있어요. 이 기체는 경주용 자동차의 엔진 출력을 높이는 데 사용되기도 하는데, 이를 '아산화질소 기관'이라고 불러요.

쾅!

또 다른 질소화합물인 니트로글리세린은 건설 산업에서 다이너마이트를 제조하는 데 쓰이는 액체예요. 다이너마이트는 화학 반응을 이용해 물체를 폭파시킬 수 있어서 작업을 위해 땅을 파거나 암석을 깨트리는 데 사용되는 위험한 폭발물이에요.

그냥 궁금해요

타이탄은 토성의 가장 큰 위성이에요. 지구의 대기보다 밀도가 4배 높은 타이탄의 대기는 95%가 질소로 구성되어 있답니다.

오존

번개가 칠 때 톡 쏘는 전기 냄새를 맡아 본 적이 있나요? 그것이 바로 오존(O_3)이에요! 오존은 산소 원자 3개가 결합된 물질이에요. 오존은 때때로 전하(이 경우 번개)가 대기를 통과할 때 생성돼요.

오존은 축복이 될 수도 있고 저주가 될 수도 있어요. 오존은 생명체에는 없지만, 생명체를 보호하는 데 중요한 역할을 해요. 지구 대기의 상층부에 존재하면서 태양에서 오는 **자외선**(UV)으로부터 지구를 보호하지요. 오존이 없으면 육지의 생명체는 해를 입게 될 거예요.

오존층

오존층은 지상에서 10~50km 높이에 얇은 층을 이루며 존재해요. 그런데 인간이 방출하는 화학 물질로 인해 오존층이 파괴되고 있어요. 오존층을 파괴하는 물질 중 가장 먼저 확인된 것은 염화불화탄소(CFC)로, 헤어스프레이나 탈취제와 같은 에어로졸 형태의 스프레이에 사용되지요. 염화불화탄소류의 생산은 현재 전 세계적으로 금지되어 있지만, 자동차 배기가스에서 나오는 아산화질소(59쪽 참조)를 포함한 기타 화학 물질들이 여전히 오존층을 파괴하고 있어요.

화학 물질이 오존층을 파괴하면 오존층에 구멍이 생기는데, 이 구멍은 매년 더 커지기도 하고 작아지기도 해요. 그 구멍을 통해 위험한 자외선이 통과하면 암, 안과 질환을 비롯한 건강 문제를 유발할 수 있어요. 현재 오존층은 스스로 치유되는 듯 보이며 2170년까지는 완전히 복구될 것으로 전망돼요.

스모그 메이커

오존이 자연적인 오존층보다 훨씬 아래쪽인 대기의 하층부에 존재하면 매우 위험한 오염물질이 될 수 있어요. 자동차 배기가스가 햇빛과 반응하면 대기 하층부에 오존이 만들어져요. 오존은 도시에서 스모그(자욱한 안개)를 형성하여 호흡 곤란을 일으킬 수 있어요. 우리에겐 오존이 필요하지만, 있어야 할 곳에 있을 때만 그렇답니다!

온실가스

오존과 마찬가지로 온실가스는 생명체에 도움이 될 수도 있고 해를 끼칠 수도 있어요. 지구 대기에 있는 온실가스는 열이 빠져나가지 못하도록 가두어요. 온실가스는 햇빛이 대기를 통과하도록 하지만 모든 열을 다시 대기 밖으로 내보내지는 않으므로 지구가 따뜻하게 유지되지요. 온실가스가 **적외선**을 흡수하고 다시 지구로 반사하는 작용을 하는 덕분에 지구에서 생명체가 살아갈 수 있답니다.

그런데 지구의 대기에 온실가스가 지나치게 많으면 지구가 너무 뜨거워져요. 그렇게 되면 물은 액체로 남아 있을 수 없어 증발하게 돼요. 이런 현상이 금성에서 일어났어요! 물은 모든 생명체의 기본이 되는 광합성 과정에 꼭 필요한 성분이에요.

주요 온실가스

- 이산화탄소
- 메테인
- 수증기
- 오존
- 아산화질소

화석연료

인간의 행동은 대기 중 온실가스의 양을 증가시킬 수 있어요. 석탄, 석유, 천연가스와 같은 화석연료를 태우면 온실가스가 방출돼요. 삼림을 벌채하면 이산화탄소를 흡수할 수 있는 나무가 줄어들게 되고 나무에 저장된 탄소를 방출하게 되지요.

이는 지구를 더욱 뜨겁게 만들고 기후변화를 일으켜요. 지구 온난화는 생물의 서식지를 변화시키고, 동물과 식물은 이러한 변화에 빨리 적응하지 못해요. 그러면 적응하지 못한 동식물은 굶주리게 되거나 극단적인 경우 멸종하게 돼요.

기후변화는 태풍과 허리케인 같은 극단적인 기상 패턴을 일으키기도 해요. 극지방의 빙하가 녹으면서 해수면이 상승하고 홍수가 발생하지요.

태양 빛이 온실가스를 통과하여 지구를 따뜻하게 해요.

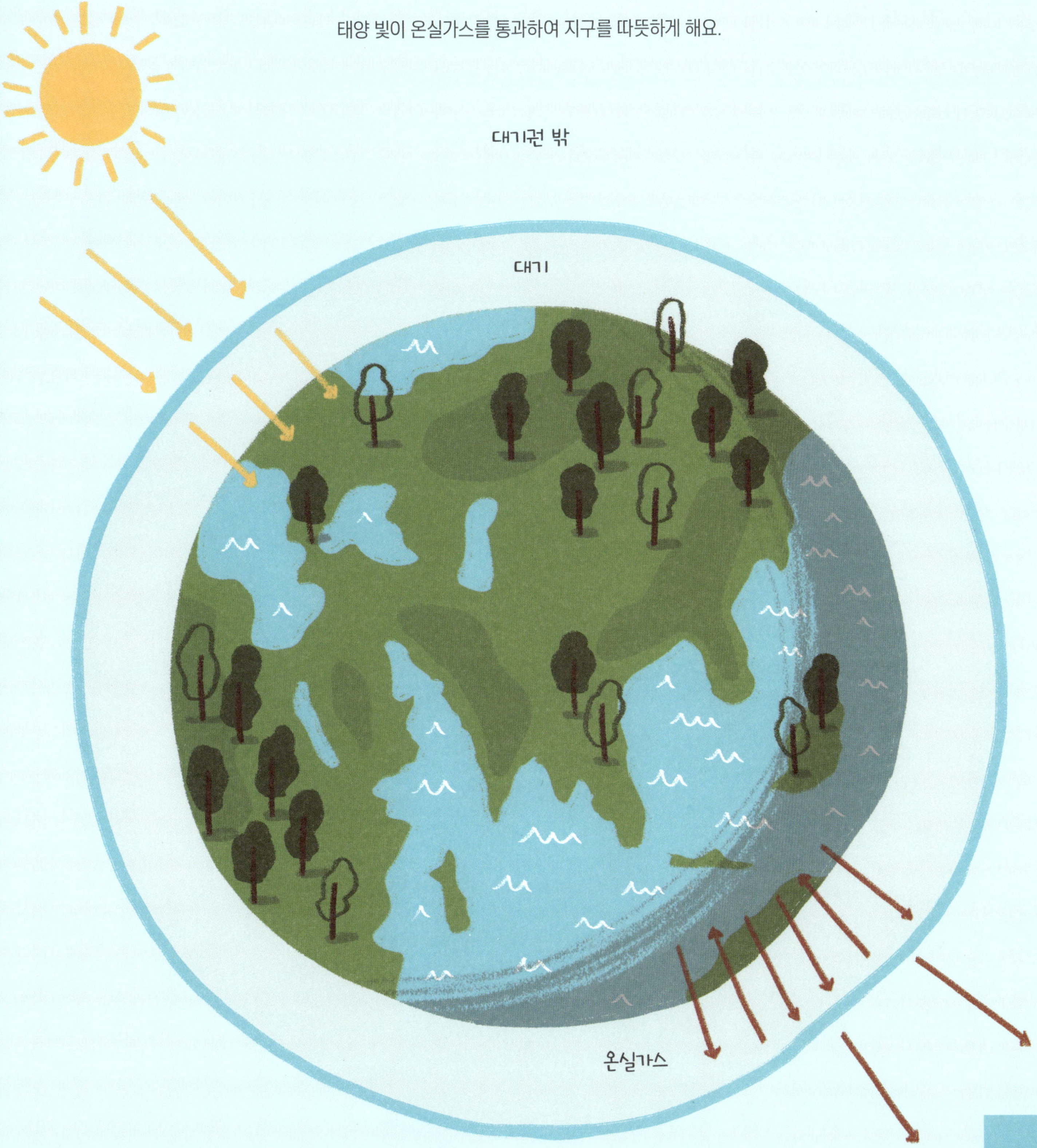

대기권 밖

대기

온실가스

지구는 따뜻해지고 열을 방출해요. 일부 열은
온실가스를 통과해 다시 대기권 밖으로 나가지만,
일부는 내부에 갇혀 지구를 계속 따뜻하게 해요.

엽록소

엽록소는 녹색 마법을 보여 주는 물질이에요! 이 유기화합물은 잎 안에 있는 작은 '공장'인 엽록체에서 발견돼요. 엽록소는 물, 이산화탄소, 태양에너지를 사용하여 당분의 일종인 포도당 형태로 식물에 필요한 양분을 생산해요. 엽록소는 바로 이 **광합성** 과정의 핵심 물질이에요. 엽록소는 또한 잎을 녹색으로 보이게 하지요!

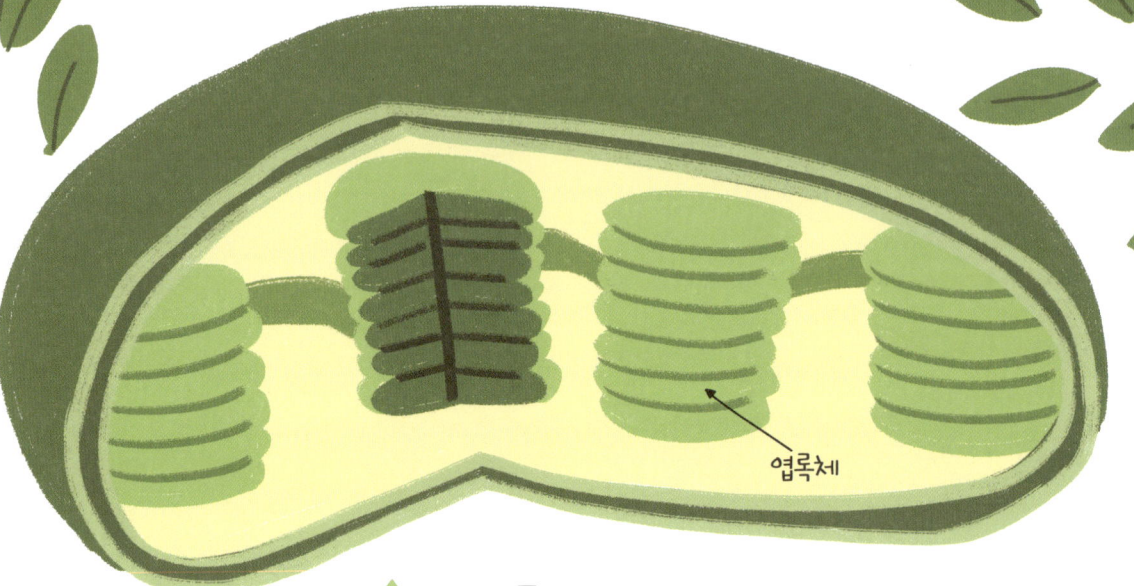

엽록체

엽록소

엽록소는 엽록체 내부에서 발견되는 특별한 **색소**예요. 엽록소는 광합성을 통해 흡수한 빛을 화학에너지로 바꾸는 물질이에요. 화학에너지는 원자와 분자의 결합을 통해 화합물 속에 저장되었다가 화학 반응이 일어날 때 에너지로 방출돼요. 이 과정이 없으면 식물은 살 수 없어요. 식물은 대부분 먹이 사슬의 맨 아래에 있으므로 엽록소가 없으면 다른 많은 생물도 먹이를 찾기 어려울 거예요.

먹이 사슬

식물

곤충

가을 단풍

엽록소는 녹색 파장의 빛을 흡수하지 않기 때문에 녹색으로 보여요. 엽록소 때문에 식물의 잎이 녹색으로 보이는 것이지요. 잎의 색을 나타내는 세 가지 색소는 엽록소, 안토시아닌(붉은 잎을 유발), 카로틴(노란 잎을 유발)이에요. 가을이 깊어져 기온이 내려가면 낙엽수에서 엽록소가 분해되어 녹색이 옅어지면서 잎의 색이 바뀌어요. 그래서 우리는 가을이 되면 타오르는 주황색, 빨간색, 노란색의 단풍을 볼 수 있지요!

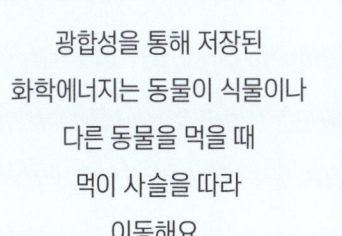

쥐 → 부엉이

광합성을 통해 저장된 화학에너지는 동물이 식물이나 다른 동물을 먹을 때 먹이 사슬을 따라 이동해요.

단백질

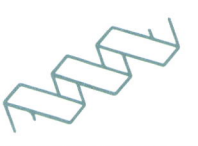 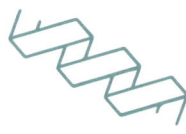

단백질은 우리를 비롯한 모든 동물에서 근육 조직과 같은 주요 구조 조직을 구성하고 있어요! 단백질은 분자가 사슬처럼 늘어선 긴 **고분자** 화합물이에요. 우리 몸은 13가지 종류의 아미노산(단백질을 구성하는 단위체)을 생성할 수 있어요. 그러나 우리 몸에 꼭 필요하지만 스스로 만들 수 없는 아미노산도 9가지나 있답니다.

우리는 단백질이 풍부한 음식을 섭취함으로써 이러한 필수 아미노산을 얻어요. 완전한 단백질 식품에는 우리가 필요로 하는 모든 아미노산이 포함되어 있어요. 그러한 식품에는 유제품, 달걀, 콩, 육류 및 생선이 있답니다.

불완전한 단백질 공급원으로는 견과류, 곡물, 몇 가지 채소와 과일이 있어요. 채식주의자들은 우리 몸이 성장하고 복구하는 데 필요한 모든 아미노산을 섭취할 수 있도록 음식을 신중하게 선택해요. 달걀은 식품 중에서 가장 품질이 좋고 가장 유용한 단백질을 함유하고 있어요. 밀에 함유된 글루텐처럼 몇몇 식품에 들어 있는 단백질은 어떤 사람들에게는 알레르기 반응을 일으킬 수도 있어요.

우리 몸 안의 단백질

섬유질 단백질 분자는 다발로 묶인 긴 사슬을 이뤄요. 이 단백질은 근육, 손톱, 머리카락 등 조직에 따라 다르게 배열돼요. 머리카락, 손톱, 피부의 바깥층을 구성하는 단백질을 케라틴이라고 해요. 단백질은 우리 몸에서 물 다음으로 흔한 물질이지요.

피부 세포

단백질의 유용성

단백질은 세포에서 일어나는 **화학 반응**의 속도를 높여서 생명의 과정을 유지하고 조절하는 역할을 해요. 어떤 단백질을 만들지 결정하는 것은 유전자 안에 코딩되어 있어요. 우리 몸에서 볼 수 있는 단백질 중 하나인 헤모글로빈은 적혈구 안에 있는데, 철분을 함유하고 있어요. 헤모글로빈은 우리 몸 전체에 산소를 운반하지요.

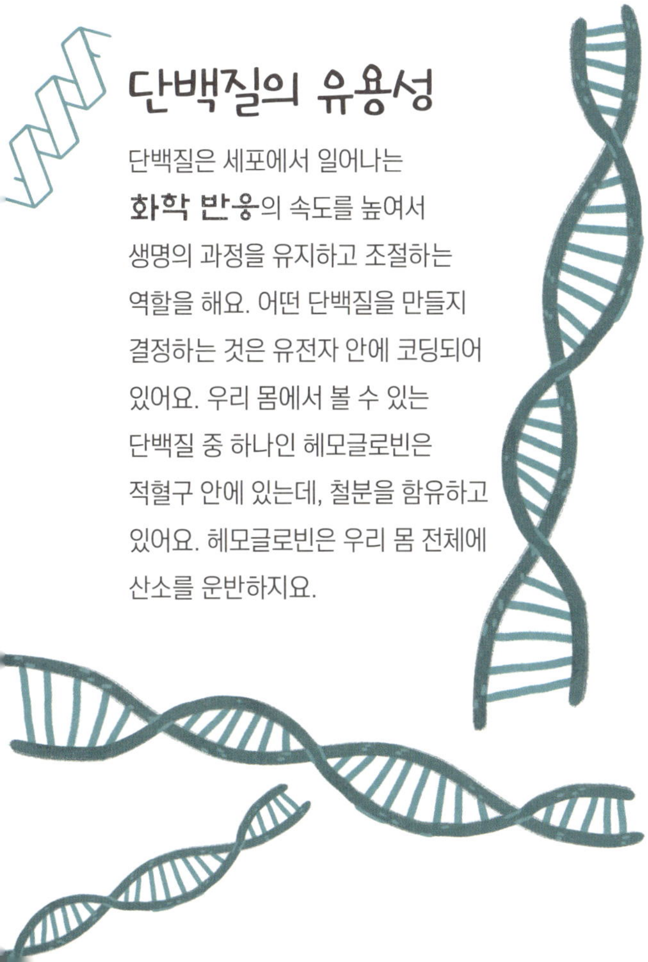

그냥 궁금해요

곤충은 단백질이 아주 많이 함유된 영양가 있는 식품 공급원이에요. 어떤 곤충에는 고기나 생선보다 더 많은 단백질이 들어 있어요!

4장 주기율표

주기율표는 지금까지 알려진 원소들을 원자번호 순서대로 나열한 표예요.
1869년에 러시아 화학자인 드미트리 이바노비치 멘델레예프가 처음 만들었지요.

최초의 주기율표는 지금 우리가 사용하는 것과 똑같지는 않았어요.
과학자들이 또 다른 원소와 그 성질을 발견하면서 여러 번 수정되었지요.
현재 사용하는 주기율표는 1900년대 중반에 만들어진 것이에요.

- 알칼리 금속
- 알칼리 토금속
- 란타넘족
- 악티늄족
- 전이 금속
- 성질이 확인되지 않음
- 준금속
- 전이후 금속
- 비금속
- 할로젠
- 비활성기체

1 H 수소									
3 Li 리튬	4 Be 베릴륨								
11 Na 소듐/나트륨	12 Mg 마그네슘								
19 K 포타슘/칼륨	20 Ca 칼슘	21 Sc 스칸듐	22 Ti 타이타늄	23 V 바나듐	24 Cr 크로뮴	25 Mn 망가니즈	26 Fe 철	27 Co 코발트	
37 Rb 루비듐	38 Sr 스트론튬	39 Y 이트륨	40 Zr 지르코늄	41 Nb 나이오븀	42 Mo 몰리브데넘	43 Tc 테크네튬	44 Ru 루테늄	45 Rh 로듐	
55 Cs 세슘	56 Ba 바륨	57-71 란타넘족	72 Hf 하프늄	73 Ta 탄탈럼	74 W 텅스텐	75 Re 레늄	76 Os 오스뮴	77 Ir 이리듐	
87 Fr 프랑슘	88 Ra 라듐	89-103 악티늄족	104 Rf 러더포듐	105 Db 더브늄	106 Sg 시보귬	107 Bh 보륨	108 Hs 하슘	109 Mt 마이트너륨	

57 La 란타넘	58 Ce 세륨	59 Pr 프라세오디뮴	60 Nd 네오디뮴	61 Pm 프로메튬	62 Sm 사마륨	63 Eu 유로퓸
89 Ac 악티늄	90 Th 토륨	91 Pa 프로트악티늄	92 U 우라늄	93 Np 넵투늄	94 Pu 플루토늄	95 Am 아메리슘

원자번호

원소의 원자번호는 해당 원소의 원자에 있는 양성자 수와 같아요. 주기율표는 원자번호가 가장 낮은 원소부터 시작하여 가장 높은 번호로 이동해요. 화학자들은 주기율표를 이용해 원소들 사이의 관계와 규칙성을 알아보지요.

주기율표에서 가로줄을 '주기'라고 하며, 위에서 아래로 1에서 7까지 번호를 매겨요. 첫 번째 주기(맨 윗줄)의 모든 원소는 한 개의 전자껍질에 전자가 채워져요. 두 번째 주기의 모든 원소는 2개의 전자껍질에 전자가 채워지고요.

 ## 족

주기율표의 세로줄을 '족'이라고 하며, 왼쪽에서 오른쪽으로 1에서 18까지 번호를 매겨요.

같은 족의 원소들은 전자가 유사한 방식으로 배열돼요. 그래서 전자가 비슷한 방식으로 행동하며 화학적 성질이 비슷하지요. 그러므로 주기율표를 보면 주어진 상황에서 원소가 어떻게 반응할지 예측하는 데 도움이 돼요.

예를 들어 마그네슘(Mg)과 칼슘(Ca)은 모두 2족이며 비슷한 성질을 가져요.

그냥 궁금해요

프랑슘은 세계에서 가장 희귀한 원소예요. 지구상에 단 몇 그램만 존재하지요!

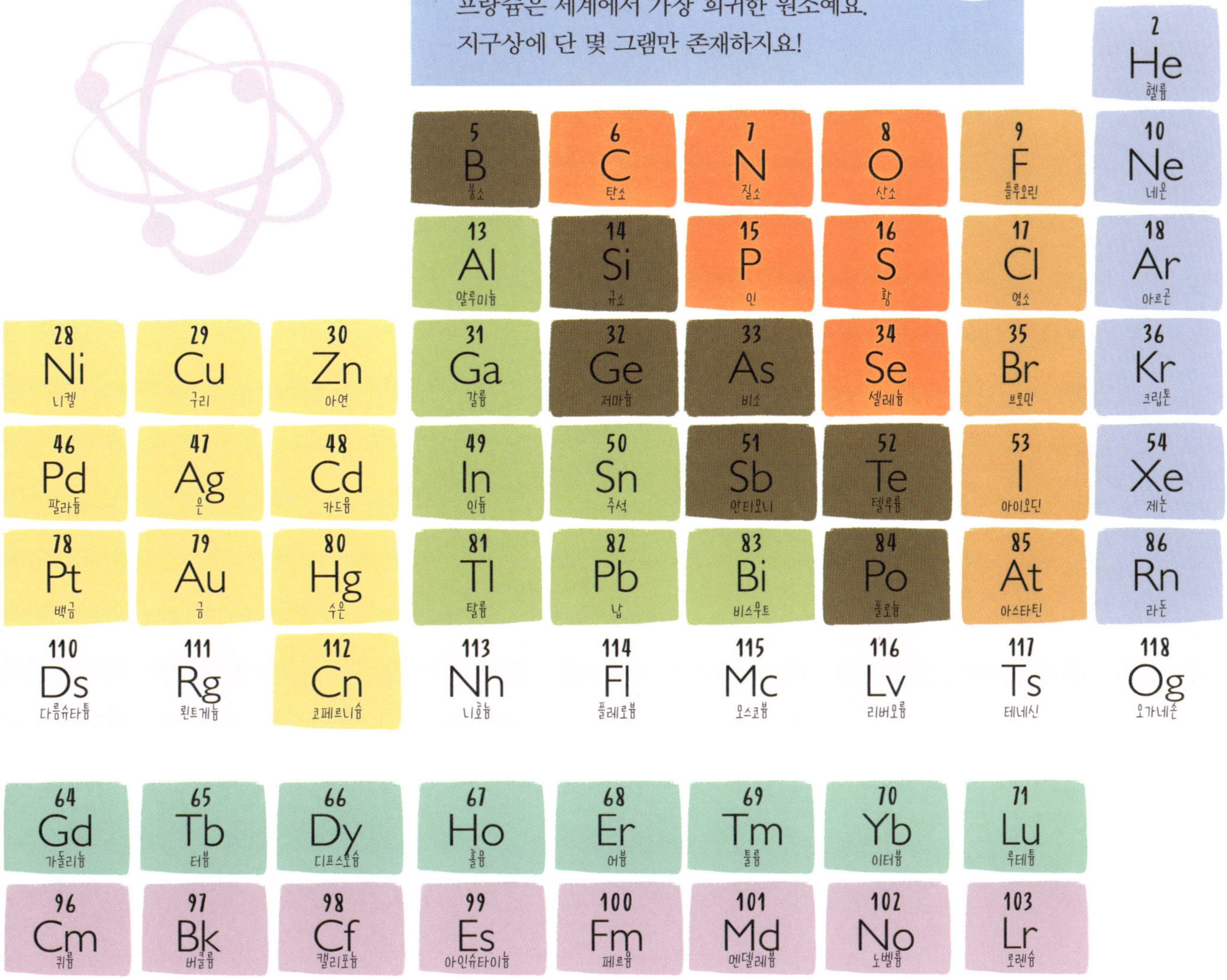

비금속

비금속(non-metal)은 표준 상태에서 대개 고체나 기체로 존재하는 원소예요.
수소를 제외하고는 주기율표의 오른쪽 상단 모서리에 위치해요.
비금속 원소들은 유사한 화학적 성질을 가지는데, 금속 원소들과는 다른 성질을 갖지요.

- 광택이 없음
- 부서지기 쉽고, 고체 상태에서 쉽게 구부러지지 않음
- 전기 전도성이 없음
- 연성(신축성)이 없음
- 냉기와 열을 잘 차단하는 우수한 절연체
- 화학 반응 중에 전자를 얻음

비금속의 성질

비금속은 일반적으로 금속보다 밀도가 낮고 녹는점과 끓는점이 낮아요(탄소 제외). 비금속은 또한 금속보다 더 많은 화합물을 형성해요.

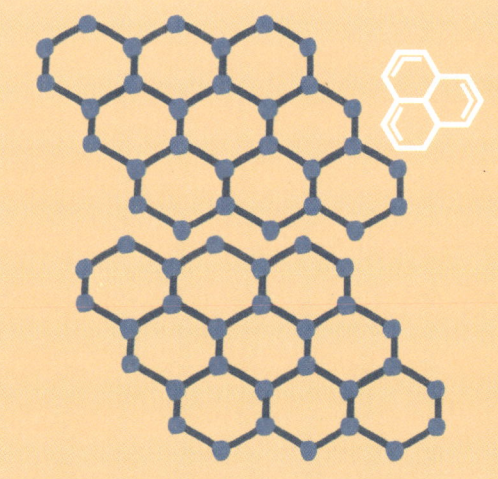
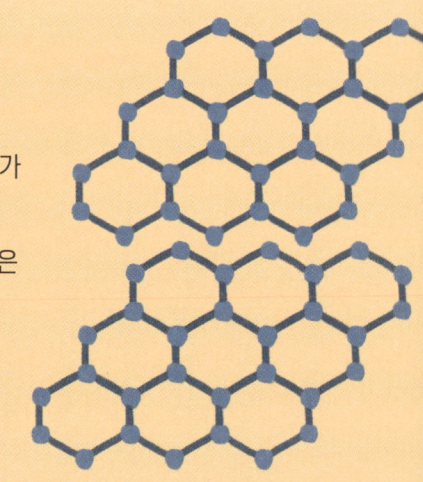

생명체

살아 있는 생명체는 거의 대부분 비금속으로 이루어져 있어요. 인체는 약 65%의 산소와 18%의 탄소, 10%의 수소, 3%의 질소로 이루어져 있지요.

비금속 표

원자번호	원소기호	원소
1	H	수소
2	He	헬륨
6	C	탄소
7	N	질소
8	O	산소
9	F	플루오린
10	Ne	네온
15	P	인
16	S	황
17	Cl	염소
18	Ar	아르곤
34	Se	셀레늄
35	Br	브로민
36	Kr	크립톤
53	I	아이오딘
54	Xe	제논
85	At	아스타틴
86	Rn	라돈
117	Ts	테네신
118	Og	오가네손

그냥 궁금해요

비금속 기체인 수소와 헬륨은 우주를 구성하는 물질의 99%를 차지해요. 질소와 산소는 각각 78%, 21%로 지구 대기의 대부분을 구성하지요. 물은 비금속인 수소와 산소로 만들어져요.

주기율표

71

할로젠

주기율표에서 17족의 원소들을 할로젠(Halogen)이라고 불러요.
할로젠은 '소금을 만드는 물질'을 의미하는데, 그리스어로 'hals'는 '소금'을 뜻하고 'gen'은 '만들다'를 뜻하지요.

할로젠은 반응성이 매우 높으며, 그중 플루오린(F)은
가장 반응성이 높은 원소 중 하나예요.
해당 족에서 아래로 내려갈수록 할로젠의 반응성은 감소하지요.

할로젠의 위험성!

할로젠족에는 플루오린(F), 염소(Cl), 브로민(Br), 아이오딘(I), 아스타틴(At)이 있어요. 할로젠은 모두 독성이 강해요. 플루오린 가스는 인체에 치명적이에요. 우리가 호흡하는 공기에 플루오린이 0.1%만 함유되어 있어도 사람이 죽을 수 있어요!

화합물

할로젠 원소는 수소(H)와 결합하면 산을 형성해요. 할로젠 원소를 포함하는 화합물을 할로젠화물이라고 하지요. 할로젠 원소는 녹는점과 끓는점이 낮아요.

할로젠 원소는 어디에 있을까요?

모든 할로젠 원소는 지각을 이루는 화합물에서 발견돼요. 플루오린과 염소는 풍부하지만, 아이오딘과 브로민은 희귀한 편이에요. 아스타틴은 지구상에서 가장 희귀한 원소 중 하나이지요.

할로젠 원소의 용도

할로젠 전구와 램프는 석영으로 된 용기 안에 텅스텐 필라멘트가 들어 있고 할로젠 원소가 필라멘트를 둘러싸고 있어요.

할로젠 램프는 다른 전구보다 더 하얗게 빛나고 더 높은 온도까지 올라가기 때문에 전구가 파손되는 것을 막기 위해 용기를 단단한 석영으로 만들어요.

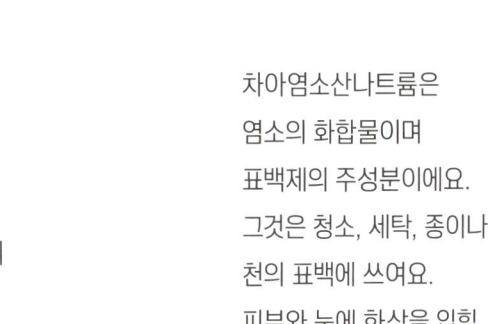

염소와 브로민은 살균제로 사용돼요. 상처 부위와 식수에 있는 박테리아를 죽이는 용도로도 사용되지요. 수영장에서 나는 냄새가 바로 염소 냄새예요.

차아염소산나트륨은 염소의 화합물이며 표백제의 주성분이에요. 그것은 청소, 세탁, 종이나 천의 표백에 쓰여요. 피부와 눈에 화상을 입힐 수 있으니 절대 만지지 마세요.

플루오린(불소)은 충치 발생을 방지하기 위해 물과 치약에 소량으로 첨가돼요.

그냥 궁금해요

브로민은 악취가 나요. 브로민(Bromine)이라는 이름은 고약한 냄새를 뜻하는 그리스어 '브로모스(bromos)'에서 유래되었어요.

 # 비활성기체

 비활성기체는 주기율표의 18족에 속해요. 비활성기체는 다른 원소와 반응하지 않으며 냄새가 없고 투명해요. 같은 족에서 아래로 내려갈수록 원소가 더 희귀해져요.

18족에는 6가지 비활성기체가 있어요.

| 헬륨(He) | 네온(Ne) | 아르곤(Ar) |
| 크립톤(Kr) | 제논(Xe) | 라돈(Rn) |

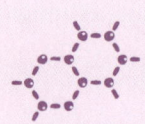 ### 윌리엄 램지

많은 비활성기체를 발견(또는 분리)한 윌리엄 램지 경은 '공기 중의 비활성기체'를 발견한 공로로 1904년에 노벨 화학상을 받았답니다.

 ### 그냥 궁금해요

헬륨은 모든 원소 중에서 녹는점(-272°C)과 끓는점(-268.9°C)이 가장 낮은 원소예요.

비활성기체의 용도

비활성기체는 끓는점이 매우 낮아요. 그래서 물질을 시원하게 유지하기 위한 냉매로 유용하게 쓰여요. 액체 형태의 헬륨은 병원에서 MRI(자기공명영상) 기계에 사용해요. MRI 스캐너는 헬륨에 의해 차갑게 유지되는 강한 자석을 이용하고, 거기서 나오는 전파를 사용하여 인체의 장기와 구조를 검사하지요.

헬륨은 깊은 바다에서 일하는 잠수부를 위한 호흡 가스로도 이용돼요. 질소와 산소 같은 기체는 혈액과 신체 조직에 용해되지만, 헬륨은 잘 용해되지 않아요. 산소를 너무 많이 흡입하면 산소가 폐를 손상시키는 '산소 중독'을 일으킬 수 있으므로 호흡 탱크에 헬륨을 첨가하여 산소 중독을 막아 주지요.

헬륨은 '떠오르는 가스'로도 유용하게 쓰여요. 아마도 파티에서 둥둥 떠 있는 헬륨 풍선을 본 적이 있을 거예요. 헬륨은 공기보다 밀도가 낮아서 헬륨으로 채워진 물체는 위로 떠오르게 되지요. 헬륨은 매우 가볍고 타지 않아 안전하므로 대형 풍선이나 소형 비행선에도 사용돼요.

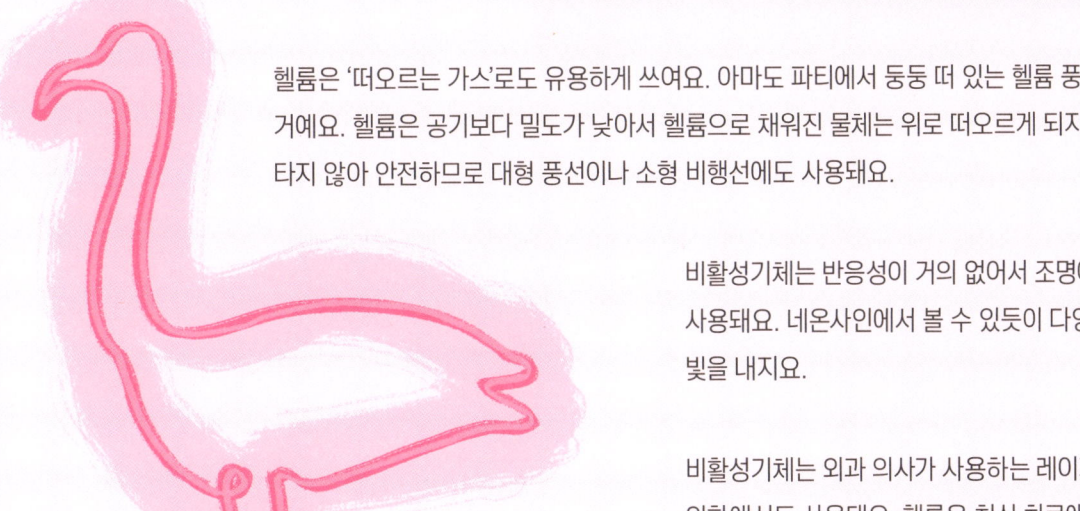

비활성기체는 반응성이 거의 없어서 조명에도 자주 사용돼요. 네온사인에서 볼 수 있듯이 다양한 색조로 밝은 빛을 내지요.

비활성기체는 외과 의사가 사용하는 레이저에 쓰이는 등 의학에서도 사용돼요. 헬륨은 천식 치료에 효과적이에요. 제논은 마취제로 쓰이고 라돈은 방사선 치료에 쓰이지요.

비활성기체는 화학자에게도 매우 유용해요. 화학 반응이 너무 빨리 일어나는 것을 안정시키기 위해 반응성이 극히 낮은 비활성기체를 사용한답니다.

아르곤은 용접하는 데 사용돼요. 아르곤은 공기보다 밀도가 높아서 용접하는 금속에 공기가 들어가는 것을 막아 줘요. 용접된 금속이 산화되면 용접된 부위가 서로 떨어질 수 있는데, 아르곤은 반응성이 매우 낮으므로 뜨거워진 금속이 산화되지 않지요.

알칼리 금속

알칼리 금속은 주기율표에서 1족에 속하지만, 1족 중 수소는 알칼리 금속에 포함되지 않아요.
순수한 알칼리 금속은 은색을 띠며 부드러워서 칼로 쉽게 자를 수 있어요.

알칼리 금속은 물과 격렬하게(일부는 폭발적으로) 반응하므로 조심해서 보관해야 해요.
대부분의 알칼리 금속은 **반응**을 막기 위해 기름 안에 담가 저장해요. 알칼리 금속은 공기 중에서
산소와 반응하여 검게 변해요. 알칼리 금속은 두드려서 얇게 펼 수 있는 **전성**과
쉽게 늘어나는 **연성**을 가지며 열과 전기가 잘 통하는 전도체예요.

알칼리 금속에는 다음과 같은 원소가 있어요.

리튬(Li)	소듐/나트륨(Na)
포타슘/칼륨(K)	세슘(Cs)
프랑슘(Fr)	루비듐(Rb)

불안정

알칼리 금속은 매우 불안정하여 다른 물질과 빠르게 반응해 화합물을 만들어버리기 때문에 순수한 상태로 자연에서 발견되지 않아요.

나트륨은 염화나트륨(NaCl)이나 요리에 사용되는 소금에 들어 있어요. 흔히 가성 소다라고 불리는 수산화나트륨(NaOH)에도 들어 있지요. 수산화나트륨은 부식성이 강한 강염기로 청소 용품에 쓰여요.

원자시계

세슘과 루비듐은 원자시계를 만드는 데 사용돼요. 세슘 시계는 가장 정확한 시계로 알려져 있답니다.

 칼륨(포타슘)은 비료 제조에 사용돼요.

비료

 불꽃 반응

알칼리 금속은 연소하면서 다양한 색상의 불꽃색을 나타내요.

나트륨(소듐)

리튬

세슘

칼륨(포타슘)

루비듐

주기율표

77

알칼리 토금속

알칼리 토금속은 주기율표에서 2족에 속해요. 알칼리 토금속은 알칼리 금속과 비슷하게 반응하지만 반응성이 더 작아요. 알칼리 토금속은 주로 은색이고, 부드럽고, 할로젠과 반응하여 할로젠화물이라고 부르는 염을 만들어요. 알칼리 토금속은 자연 상태에서 볼 수 있는데, 화합물과 **광물**의 형태로 존재해요.

알칼리 토금속에는 다음과 같은 원소가 있어요.

- 베릴륨(Be)
- 마그네슘(Mg)
- 칼슘(Ca)
- 스트론튬(Sr)
- 바륨(Ba)
- 라듐(Ra)

험프리 데이비 경은 칼슘, 바륨, 스트론튬, 마그네슘을 포함하여 많은 알칼리 토금속을 발견하였어요. 또한 광부들을 위한 '데이비 안전 램프'를 발명하기도 하였지요.

그냥 궁금해요

라듐은 우라늄이 방사성 붕괴할 때 만들어지는데, 다루기가 힘들고 위험해요. 예전에 그 위험성을 잘 몰랐던 시절에, 가정 내 여러 가지 물건에 야광 페인트로 라듐이 쓰였다는 것을 생각하면 정말 무섭지요.

라듐은 마리 퀴리와 피에르 퀴리가 발견하였어요. 라듐은 암 치료를 위한 방사선 요법에 쓰이는데, 염화라듐에서 라돈 가스를 생성하는 역할을 하지요.

pH

알칼리 토금속은 pH가 7보다 큰 염기성 또는 알칼리성 용액을 만들 수 있어요.

칼슘과 마그네슘은 생명체에게 중요해요. 예를 들어 마그네슘은 녹색 식물의 엽록소에서 발견되지요.

인체와 알칼리 토금속

인간과 많은 동물은 칼슘을 이용하여 튼튼한 뼈와 치아를 만들어요. 마그네슘은 체온 조절에 도움을 준답니다.

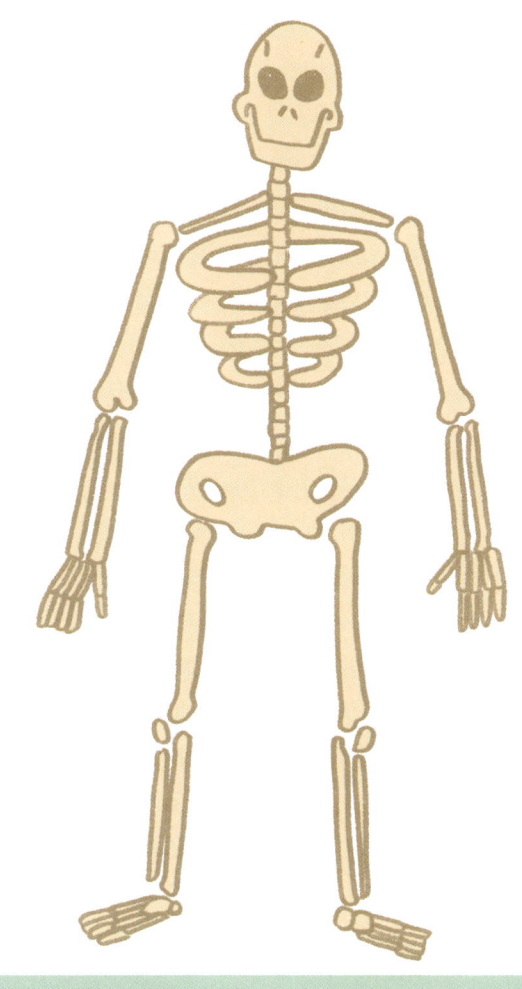

불꽃 반응

알칼리 토금속은 연소하면서 다양한 색상의 불꽃색을 나타내요.

베릴륨 · 마그네슘 · 칼슘 · 스트론튬 · 라듐

전이 금속

전이 금속은 'd 블록'이라고 부르는 주기율표의 중앙에 위치해요. 전이 금속에 속하는 원소는 35가예요. 그들은 모두 비슷한 성질을 가져요.

전이 금속은 알칼리 토금속보다 단단하고 반응성이 낮아요. 전이 금속은 3족에서 12족까지로, 주기율표에서 가장 큰 구간을 차지하고 있어요. 간혹 12족인 아연(Zn), 카드뮴(Cd), 수은(Hg), 코페르니슘(Cn)은 전이 금속에서 제외하는 경우도 있어요. 대부분의 금속은 전이 금속이에요.

공통적 성질

전이 금속은 많은 화합물을 형성할 수 있어요. 전기가 잘 통하는 도체이며 녹는점과 끓는점이 높아요. 알칼리 토금속보다 밀도가 높지요.

단면을 자르면 광택이 나는 것을 볼 수 있으며, 강하고 단단하지요.

귀금속

우리가 목걸이와 반지로 착용하는 귀금속이 바로 전이 금속이에요. 은, 금, 구리, 백금, 티타늄 등이 있지요.

반응성

전이 금속은 실온에서도 산소와 천천히 반응하지만, 구리와 같은 일부 전이 금속은 가열해야 산소와 반응해요.

구리(Cu) + 산소(O) = 산화구리(CuO)

전이 금속은 찬물과 천천히 반응하거나 전혀 반응하지 않아요. 철(Fe)은 물(H_2O) 그리고 산소(O)와 반응하여 산화철(Fe_2O_3)이라는 녹을 형성해요.

건강한 신체

일부 전이 금속은 인체가 건강을 유지하는 데 필요해요. 혈액을 만드는 데 철이 필요하고, 신체의 주요 작용에 아연과 크롬이 필요하지요.

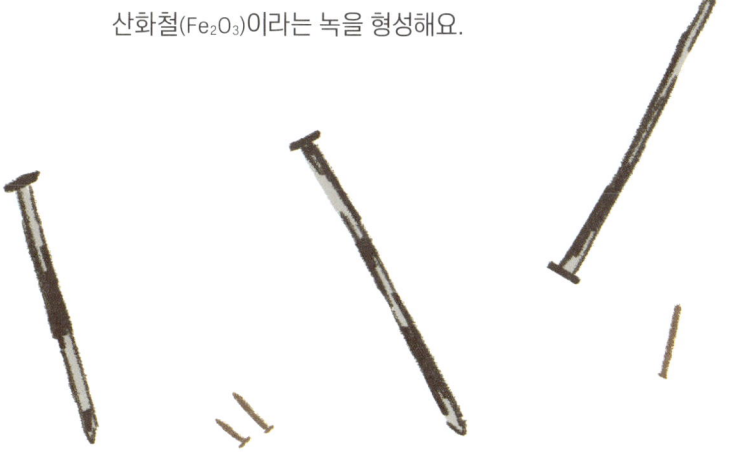

준금속

준금속은 금속과 비금속 원소의 성질을 모두 가진 이상한 원소예요. 예를 들어, 준금속은 비금속처럼 부서지기 쉽지만, 금속처럼 광택을 가지고 있고, 금속처럼 전기가 흐르지만, 비금속처럼 전기 전도성이 낮아요.

준금속은 금속과 합금을 형성할 수 있어요. 실리콘(규소), 저마늄 같은 일부 준금속은 특별한 조건에서만 전기가 통하는 반도체이지요.

준금속의 분포

지구상에서 가장 풍부한(가장 자주 발견되는) 준금속은 규소(Si)이고 가장 희귀한 준금속은 텔루륨(Te)이에요.

다른 준금속으로는 붕소(B), 저마늄(Ge), 비소(As), 안티모니(Sb)가 있어요. 셀레늄(Se)과 폴로늄(Po)도 때에 따라 준금속에 포함되기도 해요.

다른 그룹과는 달리 준금속은 주기율표에서 대각선으로 배열된답니다.

실리콘

실리콘(규소)은 흔한 준금속이에요. 기술 산업에서 매우 유용하게 쓰이는 반도체이지요.

실리콘은 핸드폰, 컴퓨터 등 전자제품 제조에 있어 가장 중요한 소재 중 하나예요. 지금 집에 있는 물건 중에서 실리콘이 포함된 것을 쉽게 발견할 수 있을 거예요!

실리콘 밸리

샌프란시스코 근처에 있는 실리콘 밸리는 컴퓨터와 관련된 많은 회사가 모여 있는 지역이에요. 컴퓨터에 사용되는 실리콘 웨이퍼(silicon wafer)는 모래(실리카)를 녹여서 만들어요. 실리콘 웨이퍼를 잘 연마한 다음, 웨이퍼 표면에 전기 신호를 증폭하거나 전환할 수 있는 수천 개의 작은 트랜지스터를 만들어요. 그런 다음 이 웨이퍼를 조각 형태의 작은 칩으로 절단하여 여러분의 컴퓨터에 있는 것과 같은 중앙 처리 장치(CPU)에 끼우지요.

준금속의 위험성!

비소는 독성이 매우 강한 준금속이에요. 실제로 비소는 현존하는 가장 유독한 원소 중 하나이지요! 비소는 합금에 이용되는데, 특히 구리와 납의 합금을 단단하게 굳히는 데 사용돼요. 또한 목재의 방부제, 살충제, 유리의 성분으로도 사용되지요.

안티모니는 오늘날 금속의 합금을 만드는 데 사용되지만 5,000년 전 고대 이집트에서는 화장품을 만드는 데 사용했답니다.

악티늄족과 란타넘족

주기율표를 보면 아래쪽에 두 개의 줄이 있어요. 주기율표의 'f 블록'이라고 부르기도 하지요.

두 줄 중 하나는 란타넘족이라고 하고, 다른 하나는 악티늄족이라고 해요.
희토류 금속이나 내부 전이 원소라 부르기도 하지요. 85쪽 하단을 보면,
악티늄족에 속하는 15개의 원소는 보라색으로 표시되어 있고,
란타넘족에 속하는 15개의 원소는 파란색으로 표시되어 있어요.

 ## 분포

악티늄족과 란타넘족은 할로젠과 아주 잘 반응해요. 란타넘족은 지구상에서 자연적으로 존재해요.
그러나 악티늄족 중 일부는 자연적으로 발생하지 않고 실험실에서만 만들어져요.

란타넘족은 물에 넣으면 수소 분자와 반응하고 결합하여 천천히 수산화물로 변하는 금속이에요.
대부분의 금속과 마찬가지로 공기에 노출되면 산화되어 막을 형성하지요.

 ## 악티늄족과 란타넘족의 용도

하이브리드 자동차의 배터리에는 란타넘, 터븀, 네오디뮴, 디스프로슘과 같은 란타넘족 원소들이 사용돼요.

아메리슘(Am)은 합성 방사성 원소예요. 악티늄족에 속하며 연기 감지기를 만드는 데 사용되지요.

☢ 우라늄

우라늄(U)은 원자력 발전소에서 전기를 생산하는 데 원료로 사용되며, 방사능이 방출된다는 것이 알려지기 전까지는 유리를 만드는 데 사용되었어요!

☢ 플루토늄

플루토늄(Pu)은 제2차 세계대전이 끝날 무렵 나가사키를 파괴한 핵폭탄을 만드는 데 사용되었어요. 핵폭탄은 연쇄 핵분열 반응의 무서운 힘을 동력으로 이용하지요.

❓ 그냥 궁금해요

악티늄(actinium)이라는 이름은 빛줄기 또는 광선을 뜻하는 그리스어 '악티스(aktis)'에서 유래했어요.

☢ 악티늄족과 란타넘족의 이름

악티늄족의 모든 원소는 방사성 물질이에요. 아래의 원소 이름 목록을 보세요. 소리 내어 읽을 수 있나요? 일부는 과학용어가 아니라 공상과학 소설에 나오는 이름처럼 들리지 않나요?

악티늄(Ac)	토륨(Th)	프로트악티늄(Pa)	우라늄(U)	넵투늄(Np)
플루토늄(Pu)	아메리슘(Am)	퀴륨(Cm)	버클륨(Bk)	캘리포늄(Cf)
아인슈타이늄(Es)	페르뮴(Fm)	멘델레븀(Md)	노벨륨(No)	로렌슘(Lr)
란타넘(La)	세륨(Ce)	프라세오디뮴(Pr)	네오디뮴(Nd)	프로메튬(Pm)
사마륨(Sm)	유로퓸(Eu)	가돌리늄(Gd)	터븀(Tb)	디스프로슘(Dy)
홀뮴(Ho)	어븀(Er)	툴륨(Tm)	이터븀(Yb)	루테튬(Lu)

주기율표

85

전이후 금속

전이후 금속은 주기율표에서 전이 금속의 오른쪽에, 준금속의 왼쪽에 위치해요.

어떤 원소를 포함할지에 대한 논란이 있지만,
일반적으로 13족, 14족, 15족 금속이 포함돼요.
전이후 금속은 다른 금속보다 부드럽고 녹는점이 낮은 경향이 있어요.
연성과 전성이 있으며 열과 전기를 잘 전도하지요.

전이후 금속에는 다음과 같은 원소가 있어요.

| 알루미늄(Al) | 갈륨(Ga) | 인듐(In) | 주석(Sn) |
| 탈륨(Tl) | 납(Pb) | 비스무트(Bi) |

분류의 기준

니호늄(Nh), 플레로븀(Fl), 모스코븀(Mc), 리버모륨(Lv)은 때로 전이후 금속으로 분류되지만, 항상 그런 것은 아니에요. 기준이 무엇인지, 꽤 혼란스럽지요!

알루미늄

지구상에서 가장 흔한 전이후 금속은 알루미늄이에요. 알루미늄은 지각에서 세 번째로 풍부한 원소이지요.

알루미늄은 가벼우면서도 비교적 강하기 때문에 탄산음료 캔과 같은 용기를 만드는 데 사용돼요.

알루미늄은 1825년에 원소로 처음 확인되었으며, 초기에는 알루미늄을 생산하는 비용이 너무 비싸서 금보다 더 가치가 있었어요! 나폴레옹 3세는 알루미늄을 너무 좋아해서 군대에서 알루미늄을 사용하기 위한 연구에 자금을 지원하기도 했답니다.

건강

비스무트는 소화 불량과 속쓰림을 치료하는 데 사용돼요. 1회 복용량에는 약 262mg의 차살리실산비스무트가 포함되어 있어요.

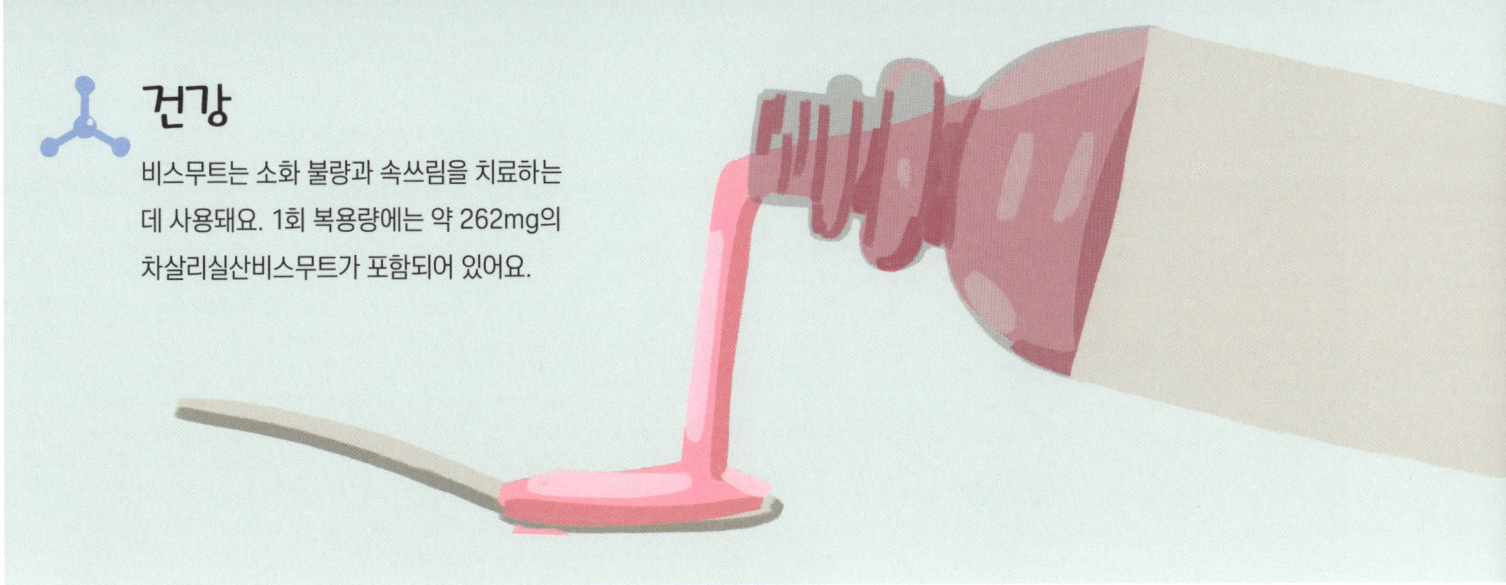

인듐

인듐은 평면 스크린이나 터치스크린과 같은 전자제품을 만드는 데 사용돼요.

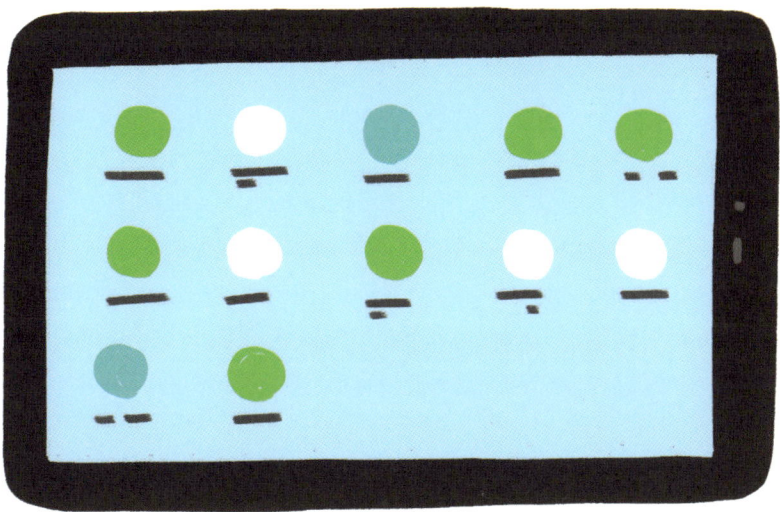

납

예전에는 납이 장난감을 만드는 데 사용되었어요. 납은 녹여서 틀에 부어 모양을 만들기가 쉽고 비용도 저렴했기 때문이지요. 납은 또한 페인트에도 첨가되었는데, 이후 납에는 독성이 있다는 사실이 밝혀졌지요.

오늘날 납은 여전히 자동차 배터리와 같은 일부 제품에 사용되지만, 납이 피부에 지속적으로 닿을 경우 건강에 문제가 생길 수 있다는 사실이 잘 알려져 있답니다.

5장
실험실에서

화학자들은 매일 실험실에서 열심히 연구하고 있어요. 화학자는 반응을 일으키고 관찰하며,
산업을 위한 신소재를 개발하고, 새로운 의약품을 만드는 일 등을 하고 있답니다.

화학자들은 여러 가지 이유로 실험실에서 작업해요. 실험실은 집에서는 다루기 힘든 위험한 화학 물질을
안전하게 통제하면서 연구할 수 있는 곳이지요. 어떤 실험실은 균이 없는 무균실이기도 해요.
또한 실험실에서는 온도와 같은 조건을 쉽게 제어할 수 있어요. 실험실을 갖추었다는 것은 화학자가 본인의 실험을
더 쉽게 수행하고 관찰할 수 있다는 것을 의미하지요. 실험 결과에 영향을 줄 수 있는 요인을 제어할 수 있고,
실험 조건을 안정적으로 유지할 수 있지요.

실험실에는 화학자들에게 필요한 모든 장비가 갖추어져 있답니다.
전자 현미경 같은 장비는 값비싸고 장소를 옮기면 손상될 수 있으므로 실험실에 설치해요.
유리 플라스크와 시험관 같은 소형 도구나 장비, 화학약품도 실험실에 안전하게 보관할 수 있지요!

화학자들은 또한 팀으로 작업해요. 실험실에서 함께 연구한다는 것은
화학자들이 실험실에서 만나 실험 과정과 결과를 공유하고 함께 처리하며 협력한다는 뜻이에요.

분젠 버너

분젠 버너를 사용해 본 적 있나요? 미국에서는 수십 년 동안 학교 과학 수업에서 분젠 버너를 사용하고 있답니다. 안전 예방 조치를 취하고 주의해서 분젠 버너를 사용한다면 흥미진진한 경험일 수 있어요. 그러나 반드시 조심해야 해요. 아무리 잘 통제한다고 해도 그것은 여전히 불꽃이니까요!

로베르트 분젠 박사

분젠 버너는 불꽃을 내어 물질을 가열하거나 살균하는 데 쓰여요.

분젠 버너는 1855년에 로베르트 분젠 박사가 발명했어요. 일부 역사가들은 그가 초기의 아이디어를 발전시킨 것이라고 생각해요. 설령 그렇다 하더라도 우리가 알고 있는 분젠 버너를 만든 사람이 로베르트 분젠이라는 사실은 변함이 없어요. 그래서 그의 이름을 따서 분젠 버너라고 부르지요.

매혹적인 불꽃

화학자들은(그들 이전의 연금술사들도) 물질이 불꽃에 닿으면 나타나는 특유의 불꽃색으로 그 물질의 성분을 식별하는 데 도움이 될 수 있다는 것을 알고 있었어요.

예를 들어 칼륨은 연한 보라색 불꽃을 내요. 이러한 과학 지식은 오늘날에도 불꽃놀이 작업을 하는 데 활용되지요.

그런데 분젠은 거기에 문제가 있다고 생각했어요. 불꽃 자체의 색이 물질의 불꽃색을 확인하는 데 방해가 될 수 있다는 사실을 알았기 때문이지요. 불꽃 자체가 원래 주황색을 띤다면, 물질의 불꽃색이 주황색으로 나타나는 경우를 어떻게 확인할 수 있겠어요?

불꽃 반응

로베르트 분젠은 메테인 가스와 공기를 일정하게 혼합한 버너를 만들었어요. 이 버너는 거의 색이 없는 투명한 불꽃을 냈으므로 불꽃 반응으로 인한 색을 확실하게 구별할 수 있었지요. 그는 1857년에 이 장치의 설계도를 발표했지만, 특허를 내지는 않았어요. 그는 자신의 발명품으로 부자가 되기를 원하지 않았고, 다만 자신이 멋진 것을 만들어 냈다는 사실을 알고 기뻐했지요. 분젠 버너는 오늘날에도 여전히 사용되고 있답니다!

그냥 궁금해요

로베르트 분젠은 아연-탄소 전지와 플래시도 발명했어요. 그리고 동료인 구스타프 키르히호프와 함께 **분광학**이라는 과학적 방법을 개발했답니다. 그들은 분광학을 이용하여 루비듐과 세슘 원소를 발견했어요.

가스의 흐름

분젠 버너는 공기와 혼합된 메테인 가스가 원통을 통해 위쪽으로 나오면서 연소되어 불꽃을 생성해요. 가스의 흐름은 밸브를 사용하여 조절할 수 있어요.

오늘날 화학자들은 분젠 버너를 이용하여 물질을 가열하거나 화학 반응을 일으키고 반응 속도를 더 빠르게 만들어요.

분젠 버너는 어떻게 작동할까요?

분젠 버너는 금속으로 만들어지며, 다음의 구성 요소로 이루어져 있어요.
A) 원통
B) 고리
C) 공기 구멍
D) 가스 공급관
E) 밸브
F) 스탠드

온도계

온도계는 온도를 재는 기구예요. 여러분도 아플 때 열이 나는지 확인하기 위해 의료용 체온계를 사용해 본 적이 있을 거예요.

 의료용 체온계

온도계에는 가열이나 냉각에 따라 부피가 변하는 물질이 들어 있어요. 액체 온도계에는 온도 변화에 따라 팽창하거나 수축하는 액체가 들어 있지요. 온도에 따라 이 액체가 온도계 안의 관에서 위아래로 움직여요.

최신 의료용 체온계는 대부분 디지털 방식이어서 정확한 값을 알려 줘요. 그래서 온도를 읽을 때 조작자에 따른 오류가 발생할 여지가 적지요.

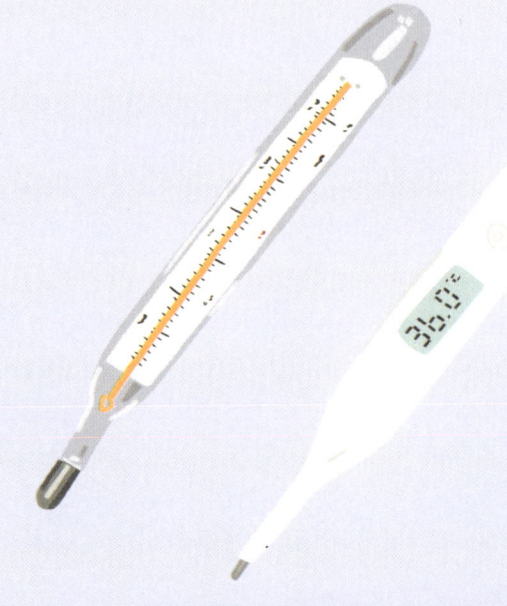

온도계 눈금

온도계는 섭씨와 화씨 눈금으로 표시돼요. 섭씨와 화씨는 과학자들이 전 세계 어디에서나 공통으로 사용하는 표준 측정 단위이지요.

최초로 발명된 온도계는 '온도 측정기(thermoscope)'라고 불린 눈금이 없는 온도계였어요. 이탈리아의 발명가 산토리오가 1612년에 최초로 온도계에 눈금을 매겼어요. 그래서 그때부터 온도를 읽을 수 있게 되었답니다.

화씨와 섭씨

가브리엘 파렌하이트는 1709년에 최초의 알코올 온도계를 발명했고, 1714년에는 최초의 수은 온도계를 발명했어요. 1724년에는 그의 이름을 딴 온도 척도인 '화씨(℉)'를 도입했어요.

안데르스 셀시우스는 1742년에 자신의 이름을 딴 온도 척도인 '섭씨(℃)'를 도입했어요.
이 척도는 표준 대기압에서 순수한 물의 어는점을 0℃로 하고 끓는점을 100℃로 하여 그 사이를 100등분한 것이에요. 1867년 토머스 올버트는 환자의 체온을 측정하기 위한 최초의 의료용 체온계를 발명했답니다.

실험실 온도계

실험실에서 사용하는 온도계는 측정하려는 물질에 담가서 사용해요. 온도계는 긴 유리관으로 되어 있고, 아래쪽에 염색한 액체로 채워진 둥근 관이 있어요. 이 온도계는 환자의 체온을 측정하는 데에는 사용하지 않지만 실험실에서는 매우 유용해요. 물질의 온도를 측정하거나 화학 반응의 온도 변화를 측정할 수 있지요.

온도가 높아지면 액체가 팽창하여 관을 따라 올라가요. 온도가 낮아지면 액체가 수축하여 관을 따라 내려오지요. 그 눈금 값을 읽어 온도를 측정할 수 있어요.

시험관, 플라스크, 비커, 피펫

화학자들은 실험실에서 다양한 도구와 용기를 사용해요.
실험을 설계하려면 실험 도구에는 어떤 것이 있는지, 어떤 용도로 사용되는지 아는 것이 중요해요.
만약 집에 화학실험 세트가 있다면, 여러분도 이미 일부 도구들을 가지고 있겠네요.
학교의 과학실에는 분명히 다양한 도구가 있을 거예요.

 시험관

옛날 영화에 자주 등장하는 미친 과학자를 떠올려 보면, 거의 항상 부글부글 끓는 시험관을 손에 꼭 쥐고 있었어요! 실생활에서 시험관은 물질을 혼합하고 보관하는 데 사용돼요. 시험관은 1800년대에 처음 개발되었답니다.

시험관은 단단하고, 가열해도 팽창하지 않도록 특수 처리된 유리로 만들어져요. 유리에 붕소 산화물을 첨가하여 내열성이 강한 유리를 만들지요.

시험관은 바닥이 둥글게 되어 있어서 제대로 씻어내기가 쉬워요. 화학 물질이 시험관에 남아서 다음 실험을 오염시키지 않도록 깨끗이 씻는 것이 중요해요.

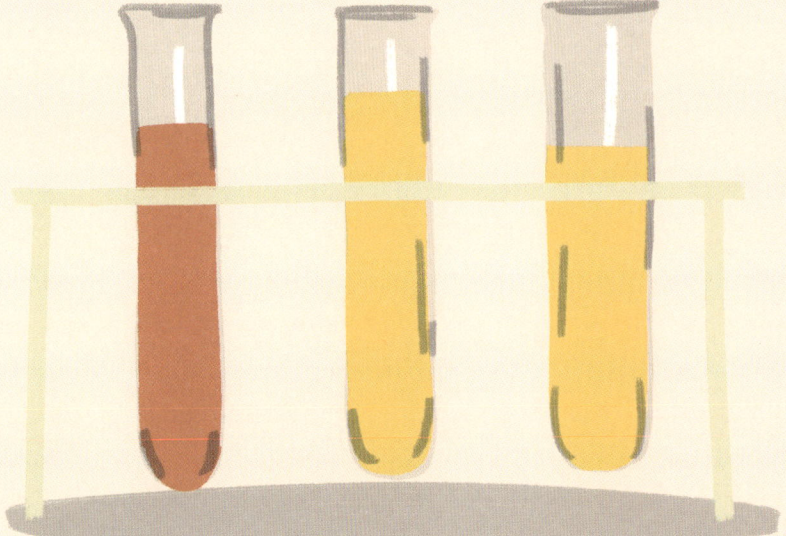

플라스크

플라스크도 물질을 혼합하거나 보관하는 데 사용해요. 플라스크에 담은 물질의 부피를 세밀하게 측정하거나 보정할 수 있도록 측면에 부피 눈금이 표시되어 있어요.

전형적인 원뿔 모양의 플라스크는 1860년에 그것을 발명한 에밀 에를렌마이어의 이름을 따서 에를렌마이어 플라스크라고도 해요. 플라스크는 물질이 튀지 않게 하면서 휘저어서 혼합할 수 있어서 유용하게 쓰이지요!

비커

비커에도 눈금이 새겨져 있어요. 실험하면서 물질을 혼합하거나 액체의 부피를 측정하는 데 사용할 수 있는 용기이지요.

비커는 크기가 매우 다양해요. 유리는 화학 물질과 반응하지 않기 때문에, 비커에서 물질을 저어서 혼합할 때는 유리 막대를 사용해요.

피펫

피펫은 유리관 위에 압축할 수 있는 고무가 끼워져 있는 도구예요. 실험에서 액체를 한 방울씩 첨가하는 데 사용되지요. 화장품 오일 병에서 피펫을 본 적이 있을 거예요. 화학자들은 액체를 아주 조금씩 첨가해야 할 때, 떨어뜨리는 양을 조절할 수 있도록 피펫을 사용해요. 어떤 과학자들은 실험할 때 작은 마이크로피펫을 사용하기도 해요.

 # 필터와 여과

커피를 직접 여과해 보거나 여과하는 것을 본 적 있나요?
물이 여과지를 통과하면 커피 찌꺼기는 그대로 여과지에 남아 있지만,
커피의 맛과 향은 여과지를 통과한 물에 스며들게 되지요.

 ## 여과법

실험실에서 필터는 액체나 기체에서 고체를 분리하는 데 사용돼요. 혼합물을 필터 위에 붓고 입자를 걸러내지요. 여과된 액체는 필터를 통과하여 아래에 있는 비커나 플라스크에 모여요. 고체 잔류물은 여과지에 남고요.

그냥 궁금해요

소방관은 위험한 연기로 가득 찬 건물에서도 안전하게 숨을 쉴 수 있도록 필터를 사용해요. 소방관용 공기 호흡기에는 필터가 있어 연기 입자를 걸러내 주지요.

혼합물

필터는 화학적으로 결합한 물질이 아닌 혼합물을 분리해요. 물속의 모래처럼 고체가 액체에 녹지 않고 섞여 있는 경우가 혼합물에 해당하지요. 여과는 물리적인 분리 방법이에요.

깔때기는 혼합물을 분리하는 데 사용돼요. 깔때기의 원뿔 모양에 맞추어 여과지를 끼우고 혼합물을 넣으면 고체는 여과지에 남고 액체는 비커로 떨어져요.

증발

증발은 액체에 녹아 있는 고체를 분리하는 데 사용하는 방법이에요. 여러분이 모래가 섞인 바닷물을 분리한다고 상상해 봐요. 바닷물에서 모래는 여과시켜 걸러낼 수 있지만, 소금은 걸러낼 수 없답니다. 물은 용매이고 소금은 용질로, 소금이 물에 녹아 있는 용액이기 때문이에요. 이때 용액을 가열하여 증발시킬 수 있어요. 물이 증발하면서 소금 결정이 남아요. 이 과정을 결정화라고 하지요.

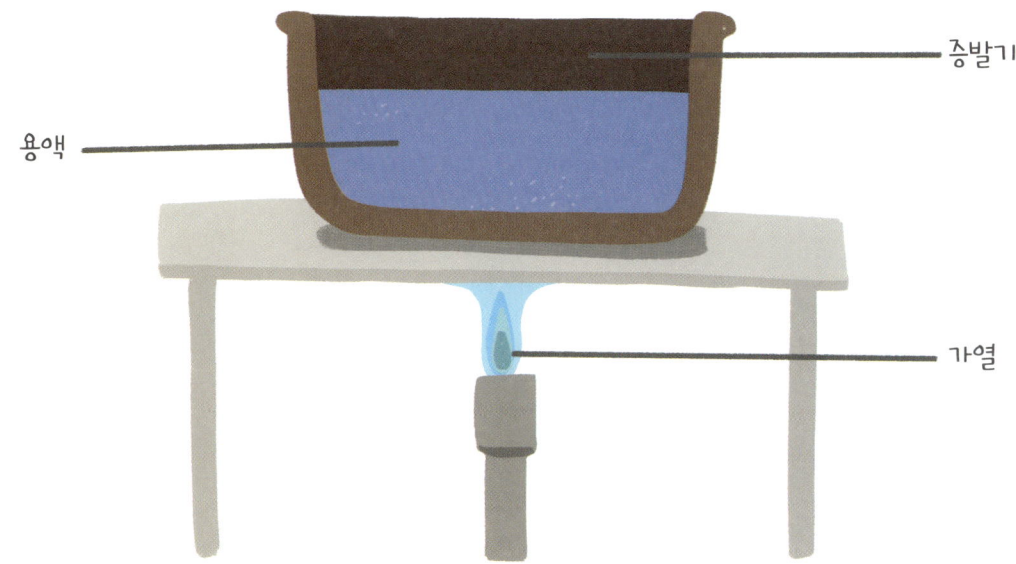

 증류

증류는 다양한 액체를 포함한 물질을 분리하고 정제하는 데 사용돼요.
간단한 증류는 용액에서 용매를 분리하는 것이에요.
예를 들어, 물에서 소금을 분리하는 데 사용할 수 있어요.
용액을 가열하여 물을 증발시켜 별도의 용기에 모아서 냉각해요.
소금은 용기에 그대로 남게 되지요.

- 냉각관
- 기체 상태의 순수한 물
- 소금물
- 가열

 분별 증류

분별 증류는 두 가지 이상의 액체 혼합물을 분리하는 데 사용해요.

액체 상태에서 기체 상태로 변하는 온도인 끓는점은 액체마다 조금씩 달라요. 분별 증류는 이러한 사실을 이용하는 방법이에요. 인류는 아주 오래전부터 술과 의약품을 만들고 정제하는 데 이 방법을 사용했답니다.

끓는점

증류를 통해 끓는점이 낮은 액체부터 분리해 낼 수 있어요. 예를 들어, 에탄올과 물의 혼합물을 증류하면, 에탄올은 물보다 끓는점이 낮기 때문에 먼저 증기가 돼요. 에탄올 증기는 냉각기를 지나면서 식어서 다시 액체가 되어 플라스크나 비커에 모여요.

원유

석유 산업에서 원유를 석유, 아스팔트, 디젤 등의 액체 성분으로 분리할 때도 분별 증류 방법을 이용해요.

분별 증류탑에는 층층이 분별 증류관이 있고 증류관 옆에는 응축기가 설치되어 있어요.

원유는 증발하여 증기가 된 다음, 성분에 따라 서로 다른 온도에서 분별 증류관에 모여요. 이러한 방법으로 원유를 분리하여 성분 물질별로 모아 사용할 수 있답니다.

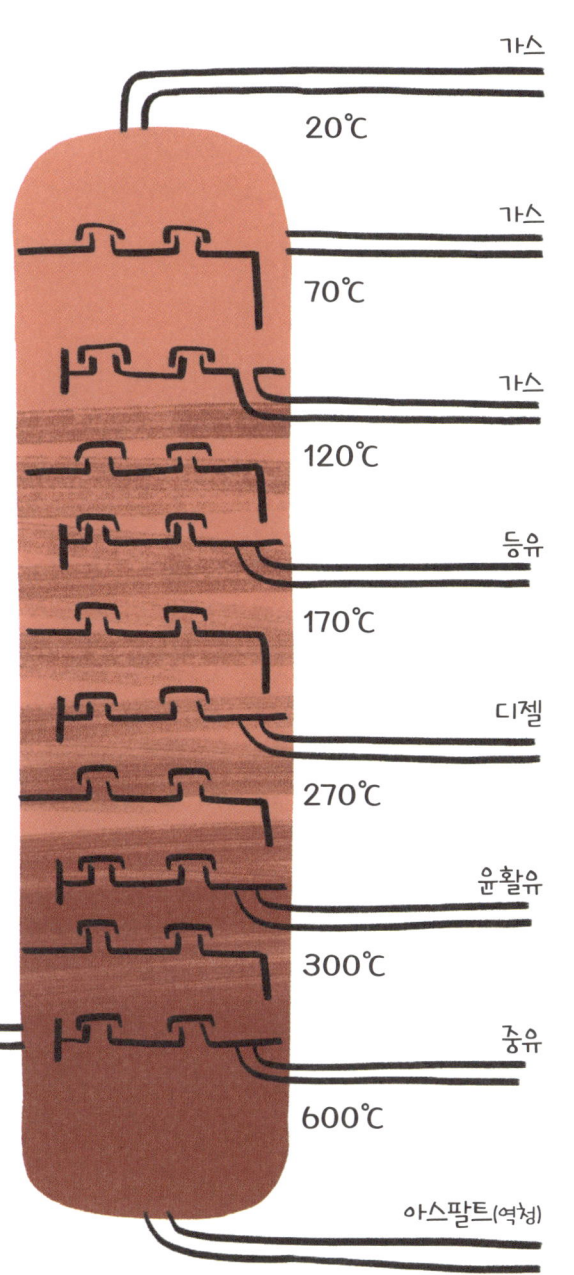

가스 — 20℃
가스 — 70℃
가스 — 120℃
등유 — 170℃
디젤 — 270℃
윤활유 — 300℃
중유 — 600℃
아스팔트(역청)

가정용 가스, 석유화학제품, 공급 원료

석유화학제품
(비누, 살충제, 폭발물)

자동차 휘발유

제트 연료, 조명용 등유, 난방용 등유

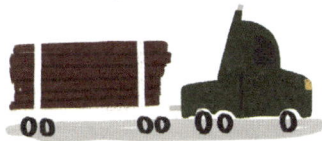
디젤 연료

윤활제, 왁스, 광택제

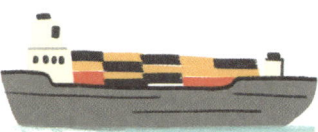
선박용 연료, 보일러 연료

도로포장용 아스팔트, 지붕 방수제

크로마토그래피

크로마토그래피는 복잡한 혼합물을 분리하여 분석하는 방법이에요.
크로마토그래피는 법의학자들이 범죄를 해결하는 데에도 사용돼요! 범죄 현장에서 수집한 증거물로부터 범죄자 식별에 도움이 되는 DNA 지문을 생성하는 데 쓰일 수 있답니다.

🔍 분리

'크로마토그래피(chromatography)'라는 단어는 색상을 의미하는 그리스어 '크로마(chroma)'와 쓰기를 뜻하는 단어 '그래프(graph)'에서 유래했어요. 크로마토그래피 실험은 아주 다양한 색을 낸답니다. 혼합물을 구성하고 있는 물질들은 크로마토그래피 용지를 이동하는 속도가 다르기 때문에 각각의 성분으로 분리되지요.

🔍 직접 해 봐요

크로마토그래피를 직접 해 볼 수 있어요. 거름종이(싸게 살 수 있어요)를 길게 자른 다음, 종이의 한쪽 끝에서 조금 위쪽에 사인펜으로 점을 찍고, 종이의 끝을 물에 담가요. 그리고 하룻밤을 그대로 둬요.

다음 날 아침, 물이 거름종이를 따라 올라가면서 잉크가 여러 가지 색으로 분리된 것을 볼 수 있을 거예요. 혼합물을 이루는 성분들이 서로 다른 속도로 이동하면서 분리되는데, 거름종이에 줄무늬로 남은 색의 흔적을 볼 수 있지요. 이번엔 식용 색소 한 방울로 다시 실험해 봐요.

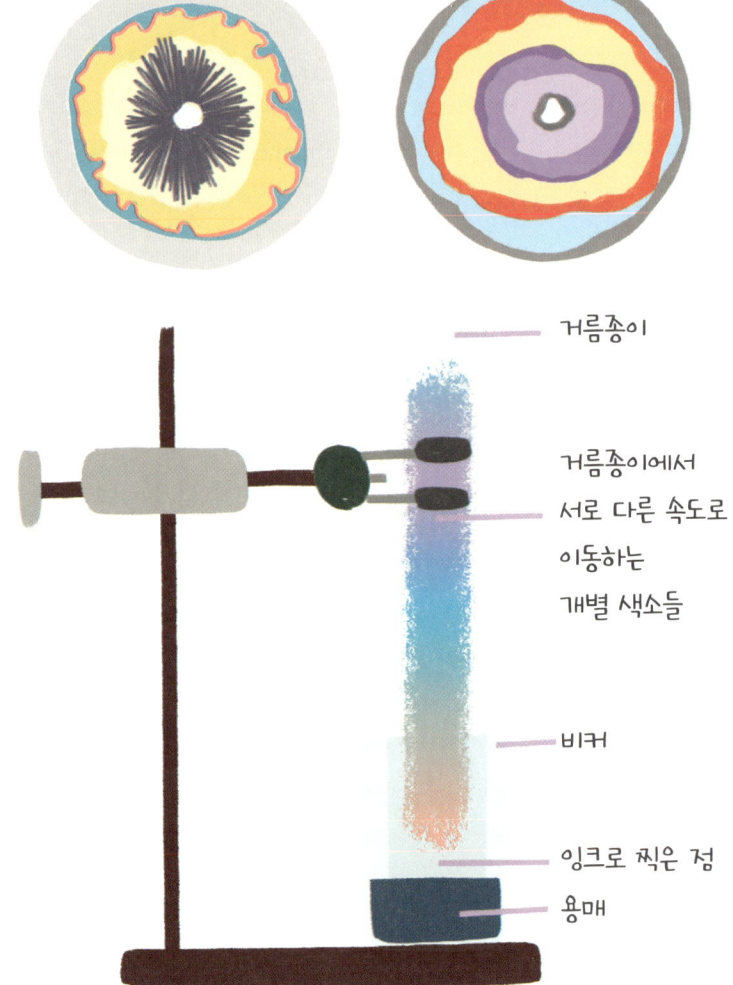

얇은 막 크로마토그래피

집에서 간편하게 실험해 보기에는 종이 크로마토그래피가 재미있지만, 오늘날 실험실에서 화학자들은 '얇은 막 크로마토그래피'를 사용한답니다.

이 기술은 종이 대신 실리카겔이나 셀룰로스 같은 얇은 막을 (고정상으로) 이용해요. 이것은 종이 크로마토그래피보다 더 효율적이에요. 색깔이 더 빨리 나타나고 더 확실하게 분리되지요. 그래서 더 정확한 결과를 얻을 수 있어요.

칼럼 크로마토그래피

칼럼 크로마토그래피는 화학 물질을 용매로 사용하여 화합물을 분리하는 방법이에요. 분리하고자 하는 화합물을 용매에 용해시켜 시료 용액을 만들어요. 유리나 플라스틱으로 된 관(칼럼)에 실리카겔과 같은 물질을 채우고 거기에 용매를 넣어 아래로 나오게 하지요.

시료 용액을 소량 넣어 실리카겔 관을 통과하게 해요. 이때 시료 용액이 관을 통해 내려가게 하기 위해 용매를 더 부어 줘요. 그러면 시료 용액 속 물질들은 서로 다른 속도로 씻겨 내려가면서 분리가 된답니다.

기체 크로마토그래피

기체 크로마토그래피도 물질을 분리하는 데 사용돼요. 물질을 기체로 바꾸어 '운반 기체'가 들어 있는 관에 통과시켜요. 운반 기체로는 질소처럼 다른 물질과 반응하지 않는 비활성기체를 이용해요.

시료 물질이 관을 통해 이동하면서 각각의 성분 물질로 분리돼요. 이 관은 오븐 내부에 있으며, 각각의 성분 물질이 차례대로 분리되도록 온도를 조절해요.

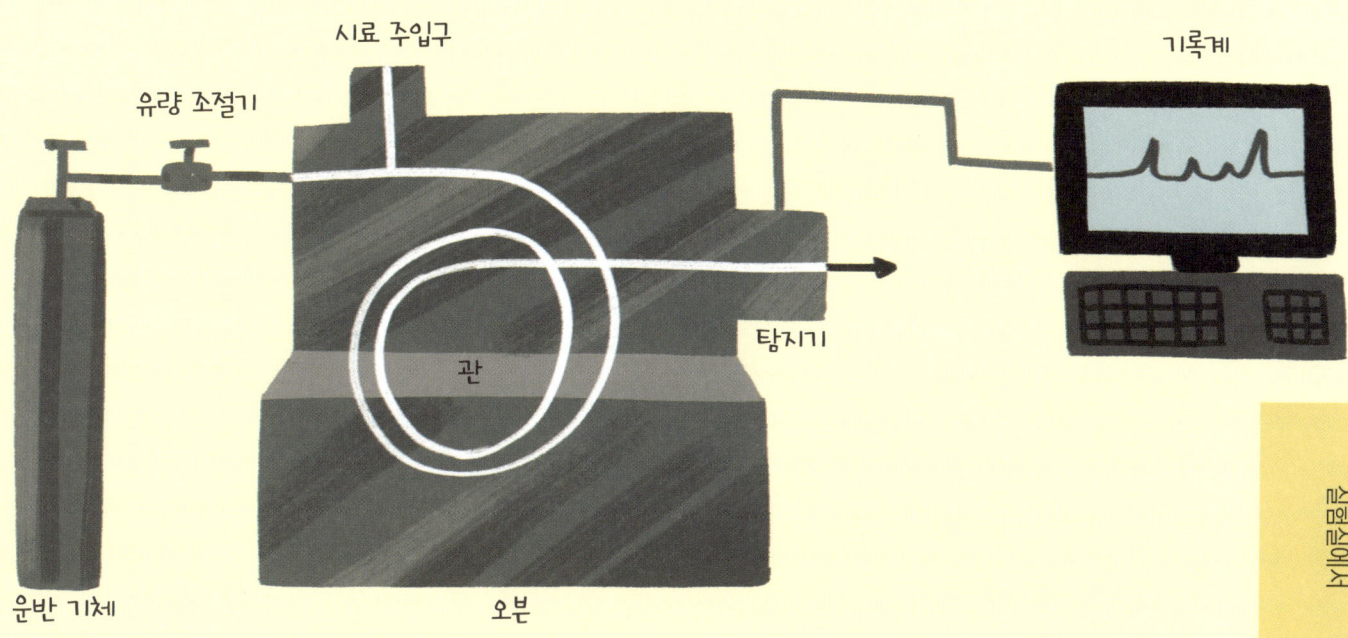

화학 반응

두 반응물이 결합하여 하나 이상의 생성물을 만들 때 화학 반응이 일어나요.
'반응물'은 화학 반응을 일으키는 물질을 의미하지요.
반응물은 반응 과정에서 소모되어 없어져요.
'생성물'은 반응에 의해 생성된 새로운 물질을 뜻하지요.

화학 반응은 어디에서나 일어나요

화학 반응은 우리의 일상생활에서 언제나, 어느 곳에서나 발생해요. 나무나 석탄이 타서 불이 나는 것이나 금속이 녹스는 것도 모두 화학 반응이지요.

배터리가 전기를 만들어 내는 것도 화학 반응에 의한 것이에요. 식물은 광합성 작용을 이용하여 태양에너지를 저장하는데, 그것도 자연에서 항상 일어나는 반응이지요.

화학 반응은 심지어 우리 몸에서도 일어나요! 음식을 먹을 때마다 우리 몸은 화학 반응을 통해 음식을 우리 몸에 필요한 영양소로 분해한답니다.

반응 속도

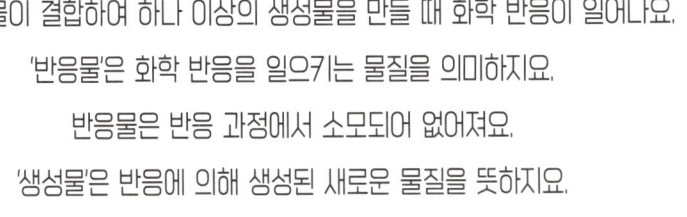

모든 화학 반응이 같은 속도로 일어나지는 않아요. 어떤 반응은 매우 빠르게 발생하여 폭발을 일으킬 수 있어요. 반면 금속의 부식 같은 반응은 느리게 진행되어 몇 년이 걸릴 수도 있어요. 반응의 빠르기를 '반응 속도'라고 해요. 열이나 전기의 형태로 반응에 에너지를 더해 주면 반응 속도를 변화시킬 수 있어요.

때로는 반응 속도를 늦춰야 하는 경우가 있는데, 예를 들면 철이 녹스는 것을 방지하기 위해 페인트를 칠하는 것이 그런 경우예요. 녹이 슬려면 물과 산소가 모두 있어야 하는데, 금속에 페인트칠하면 물이나 산소가 접촉하는 것을 막아서 부식을 늦출 수 있지요.

반응 주의!

때로는 반응이 일어나지 않도록 하는 것이 중요해요. 예를 들어, 금속 의료 기기는 습기가 많은 상황에서 자주 사용되므로 녹이 생길 수 있는데, 녹은 상처에 위험하기 때문에 의료 기기는 녹슬지 않는 합금(금속의 조합)으로 만들지요.

금속의 반응성

금속들의 반응성은 서로 달라요. '금속의 이온화 경향'은 금속을 반응성 순서대로 나열한 것이에요.

칼륨(포타슘)과 나트륨(소듐) 같은 일부 금속은 반응성이 너~무 커서 공기 중의 수분과 반응하지 않도록 기름에 보관해야 해요!

가장 반응성이 큼 ↑

칼륨(포타슘)	K
나트륨(소듐)	Na
칼슘	Ca
마그네슘	Mg
알루미늄	Al
아연	Zn
철	Fe
주석	Sn
납	Pb
구리	Cu
은	Ag
금	Au
백금	Pt

↓ 가장 반응성이 작음

그냥 궁금해요

우리 몸에서는 수천 가지의 화학 반응이 밤낮을 가리지 않고 일어나고 있답니다.

연소

연소는 연료가 공기 중의 산소와 결합할 때 일어나는 특별한 화학 반응이에요.
연소는 대표적인 발열 반응인데, 발열 반응이란 화학 반응이 일어날 때 열을 방출하는 반응을 말해요.
연소 반응에서는 열과 함께 빛도 나와요. 물질이 연소되면 공기 중의 산소와 반응하여
산화물이라고 하는 새로운 물질을 생성하지요.

마그네슘이 타면, 마그네슘이 공기 중의 산소와 결합하여 산화마그네슘이라는 물질이 생성돼요.

나무가 타면 공기 중의 산소가 나무 안의 탄소와 반응하여 숯과 재가 만들어져요.

 온실가스

석탄, 석유, 천연가스와 같은 화석연료가 연소되면 공기 중의 산소와 결합하여 일산화탄소, 이산화탄소, 이산화황이 만들어져요. 이런 기체들은 지구 대기에 심각한 해를 끼치지요.

이런 기체들은 기후변화를 가속하는 온실가스예요. 또한 이산화황은 산성비를 유발하여 건물과 동식물에 피해를 주지요.

 ## 여행

연소가 없으면 여행하기가 어려울 거예요. 자동차 엔진은 연소로 작동해요. 자동차의 연료에 불이 붙고, 엔진 내부의 실린더에서 반복적으로 폭발이 일어나면서 실린더를 위아래로 밀어 자동차가 나아가게 하지요.

우주 로켓도 연소 없이는 날아갈 수 없어요! 로켓의 연료가 연소되면서 로켓의 아래쪽으로 가스가 나오면 그 반작용으로 로켓이 발사되는 것이랍니다.

 ## 오염

물질이 불완전하게 연소되면, 그을음의 작은 입자인 블랙 카본이 생성돼요. 블랙 카본은 공기를 오염시키지요.

 ## 가연성

물질이 타기 시작하는 온도를 발화점이라고 해요. 물질이 공기 중에서 발화될 수 있으면 가연성(또는 인화성)이 있다고 하지요.

연소 반응은 우리에게 열과 빛을 주기 때문에 유용한 반응이지만, 그 아름다운 불꽃은 쉽게 통제 불능 상태가 될 수 있어요. 그러니 화기 주변은 항상 조심해야 해요!

불꽃놀이

불꽃놀이를 본 적이 있나요? 그 반짝이는 빛과 폭발은 화학 반응으로 인해 발생해요!
폭죽 로켓의 몸통 부분에는 고체 화학 물질이 채워져 있어요.
불을 붙이면 불꽃놀이가 시작돼요. 열이 활성화 에너지가 되어 화학 반응이 시작되는 것이지요.

 화학 물질이 공기 중의 산소와 결합하여 타는 현상은 **발열 반응**이에요. 발열 반응에서는 열이 방출돼요. 그리고 일산화탄소와 질소 같은 기체가 방출되지요. 또한 불꽃놀이를 하면 타지 않은 입자들이 날아다니면서 많은 연기가 발생해요.

불꽃은 어떻게 각기 다른 색깔을 낼까요?

불꽃놀이용 폭죽에는 금속 화합물이나 염이 포함되어 있어요. 포함된 금속 화합물의 종류에 따라 다른 불꽃색을 내지요. 바륨은 녹색, 구리염은 파란색 불꽃으로 연소돼요. 나트륨은 연소되면 노란색과 주황색을 내고, 스트론튬과 칼슘염은 붉은색을 낸답니다.

그냥 궁금해요

확실하게 알 수는 없지만, 역사가들은 불꽃놀이가 800년경에 중국에서 발명되었다고 생각해요. 연금술사들은 영원히 살 수 있는 방법을 찾으려고 노력하던 중 실수로 화약을 발명했답니다! 그들은 그것을 '후오야오(huoyao)'라고 불렀는데, '불을 내는 물질'이라는 뜻이에요. 그들은 통에 화약 가루를 채운 후 불 속에 던져 폭발시켰어요. 이것이 불꽃놀이로 발전했지요!

조명탄

재미있는 불꽃놀이에 쓰이는 기술은 실용적인 방법으로도 활용돼요. 조명탄은 조난 신호를 보내는 데 사용되어 조난된 사람들을 찾을 수 있게 도와주지요.

조명탄은 산악구조용으로도 사용되고, 바다에서 배가 곤경에 처했을 때도 사용돼요. 군인들은 자신의 위치를 알리기 위해 조명탄을 사용하지요. 조명탄을 쏘는 사람은 누군가가 자신을 발견해 주기를 원해요. 조명탄에는 주로 마그네슘이 들어 있는데, 마그네슘은 탈 때 불꽃놀이에 사용되는 다른 염보다 훨씬 밝은 빛을 내며 더 오래 지속돼요. 화학은 이렇게 사람들을 구조하는 데도 쓰인답니다!

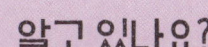
조명탄

알고 있나요?
2016년 필리핀에서 세계 최대 규모의 불꽃놀이가 펼쳐졌어요. 800,000발의 폭죽이 사용되었답니다!

6장
우리를 둘러싼 화학 물질

세상의 모든 것은 화학 물질로 이루어져 있어요.
이러한 화학 물질은 대부분 서로 다른 원소들이 결합해서 만들어진 화합물이에요.
그러한 화합물 중 일부는 매우 복잡한데,
예를 들어 인간을 포함한 생명체는 수많은 원자가 결합된 화합물로 이루어져 있지요.

이제 여러분은 주변 세계에서 아주 쉽게 화학 물질을 발견할 수 있어요.
동물들은 대부분 음식을 먹고 공기를 호흡하면서, 화학적 세계를 발견한 그대로 받아들여요.
그러나 인간은 거기서 더 나아가 우리를 둘러싼 세계를 자원으로 활용하지요.
우리는 땅에서 금속을 채굴하고 그것을 혼합해서 합금을 만들어요.
또한 화학 반응을 이용하여 플라스틱과 같이 자연에 존재하지 않는
완전히 새로운 물질을 만들기도 해요. 우리는 식물의 성장을 돕거나(비료), 음식 맛을 변화시키거나,
음식을 오래 보관하는 데 도움이 되는 화학 물질(방부제)을 만들었어요.
또한 화석연료를 사용하여 생활에 필요한 에너지를 얻고 있지요.

인간은 지구의 자원을 마치 화학 실험 재료처럼 이용해요.
그것은 대개 좋은 결과를 가져오지만, 때로는 나쁜 영향을 미치기도 하지요.

공기

공기는 질소(약 78%), 산소(약 21%), 소량의 이산화탄소(0.04%), 극소량의 수소와 네온을 포함하여
여러 가지 기체들로 구성돼요. 공기가 없으면 우리는 지구에서 살 수가 없어요.
숨을 쉬려면 공기가 필요하기 때문이지요.

대기

공기는 지구의 중력에 의해 고정되어 하나의 층으로 지구를 둘러싸고 있어요. 이 공기층을 대기라고 해요. 지구 표면 근처의 대기는 약 75%의 질소와 약 20%의 산소로 구성되어 있어요.

온실가스와 오존은 지구를 따뜻하게 유지하고 태양에서 오는 위험한 광선으로부터 생명체를 보호해 준답니다.

고마워요!

지금 공기 중에 산소가 존재하게 된 것은 수십억 년 전 바다에서 번성했던 시아노박테리아라는 단순한 생물 덕분이에요. 시아노박테리아는 광합성을 통해 양분을 얻어요. 광합성의 결과로 산소가 만들어지기 때문에, 시아노박테리아는 지구 대기에 많은 양의 산소를 공급하는 역할을 했답니다.

25억 년 전 대기는 이산화탄소(CO_2)와 화산에서 분출된 메테인과 암모니아 같은 가스들로 이루어져 있어서 생명체가 호흡할 수 없었답니다.

 ## 오염

공기에는 에어로졸 입자도 포함되어 있어요. 에어로졸은 먼지, 꽃가루, 그을음, 자동차 배기가스, 연기와 같은 공기 중에 떠다니는 작은 입자를 말하는데, 이로 인해 대기 오염이 발생해요. 현재 대기 중에는 엄청난 양의 에어로졸이 있어요!

또한 공기에는 바람이나 재채기 또는 기침을 통해 퍼져 공기 중에 떠다니는 미생물인 바이오에어로졸도 포함되어 있어요.

그냥 궁금해요

공기 입자는 매우 가볍지만, 수없이 쌓인 공기가 지표면을 누르면 압력이 작용하게 돼요. 우리는 그것을 기압이라고 불러요. 기압은 해수면에서 가장 높고, 높은 산에서 가장 낮아요.

 ## 습도

공기에는 기체 형태의 물인 수증기가 다량으로 포함되어 있어요. '습하다'라는 말을 들어 보았나요? 그것은 공기 중에 많은 양의 물이 포함되어 있다는 말이에요.

습도가 높으면 편안하게 숨쉬기가 어려워질 수도 있어요. 습도는 백분율로 나타내요. 우리는 일기 예보에서 습도를 볼 수 있는데요, 습도가 100%이면 비가 올 확률이 100%겠지요?

바닷물

바다에서 수영하면서 바닷물의 짠맛을 맛본 적이 있나요? 아니면 바다에서 수영하고 나서
햇볕에 몸을 말린 후에 반짝이는 하얀 소금이 피부에 남은 것을 본 적이 있나요?
바닷물은 강물이나 빗물에 의해 바위에서 씻겨 내려간 광물이
바다로 모이기 때문에 짠맛이 난답니다.

바닷물을 증발시키면 용해되었던 소금을 추출할 수 있어요.
물이 증발하면서 염화나트륨(NaCl)과 소량의 광물로 구성된 소금이 남지요.
소금은 감자칩과 감자튀김에 뿌리는 맛있는 물질이에요.

바닷물 1kg당 소금이 35g이나 녹아 있답니다.
이러니 바닷물이 짠맛이 나는 것은 놀라운 일이 아니지요!

바닷물이 짠맛이 나게 된 이유

38억 년 전, 바다가 처음 형성되었을 때는 바다가 염분이 없는 민물이었어요. 나트륨, 염소, 칼륨을 포함한 바다의 염분 중 일부는 바다 밑에서 일어난 폭발에서 나왔어요. 빗물은 공기 중의 이산화탄소와 만나 약산성을 띠게 되면서, 암석을 녹여 염분을 만들었지요. 빗물과 강물은 이렇게 만들어진 염분을 바다로 운반했답니다.

사해

물질은 민물보다 바닷물에서 더 쉽게 뜨기 때문에 바닷물에서 수영하기가 더 쉬워요! 액체보다 밀도가 낮은 물체는 물에 뜨게 되지요. 세계에서 가장 염도가 높은 바다 중 하나는 요르단, 이스라엘, 서안 지구와 접해 있는 사해(Dead Sea)랍니다. 이 바다는 아랍어로 '죽음의 바다'라고 불려요. 죽음의 바다라니, 으스스하지요!

실제로 그 이름은 염분이 많은 물에서는 대부분의 생명체가 살 수 없기에 붙여진 것이에요. 강을 따라 사해로 들어온 물고기는 빨리 죽어요. 일부 박테리아만이 그곳에서 살 수 있지요. 사해는 수영하는 사람에게는 좋은 장소인데요, 밀도가 높은 물이어서 쉽게 뜰 수 있기 때문이에요.

어는점

염분은 어는점을 낮추는 작용을 하기 때문에 바닷물은 민물보다 낮은 온도에서 얼어요. 민물은 0℃에서 얼지만, 바닷물은 약 -2℃에서 얼게 되지요. 온도가 매우 낮은 극지방에서는 바닷물이 얼어붙어요. 북극의 빙하는 얼어붙은 바닷물로 이루어져 있어요.

暗石 (암석)

암석은 지구의 가장 바깥층인 지각을 구성하고 있는 단단한 물질이에요. 암석이 없다면 우리가 살 수 있는 땅이 없는 것이지요! 다양한 암석을 자세히 관찰해 본 적이 있나요? 바닷가는 다양한 암석을 관찰하기 좋은 곳이에요. 서로 다른 곳에서 물길을 따라 운반되어 온 다양한 암석이 퇴적되는 곳이 자갈 해변이기 때문이지요.

광물

광물은 땅이나 물에서 자연적으로 만들어지는 물질이에요. 광물은 하나의 원소로 이루어진 것도 있으나 대부분은 화합물이에요. 암석은 광물이 모여서 이루어진 것이지요.

암석은 주로 작은 알갱이로 이루어져 있어요. 암석이 깨지면 다시 작은 알갱이로 분해되어 모래가 되지요. 지표면의 암석은 물이나 바람에 의해 침식돼요. 다음번에 바닷가에 가면, 모래 한 줌을 잘 들여다봐요.

돋보기로 자세히 들여다보면, 한 줌의 모래마다 서로 다른 암석의 작은 반점을 관찰할 수 있을 거예요.

암석은 다양한 방법으로 형성돼요. 어떻게 형성되느냐에 따라 크게 퇴적암, 화성암, 변성암으로 분류할 수 있답니다.

 퇴적암

퇴적암은 모래, 진흙, 또는 생명체의 잔해가 퇴적되고(많이 덮쳐져 쌓임) 굳어져서 만들어진 암석이에요. 작은 입자들이 물속에 침전한 후 단단하게 압축된 혼합물을 만들어 암석이 되지요.

사암은 부서진 암석 알갱이들로 만들어진 퇴적암이에요. 이암과 셰일은 진흙이 굳어져서 만들어지며, 석회암은 작은 바다 생물의 껍질로 만들어져요. 화석은 퇴적암에서 발견돼요. 화석은 죽은 생물이 물이나 진흙 바닥에 가라앉고 생물체의 조직이 점차 광물로 대체되면서 만들어지지요.

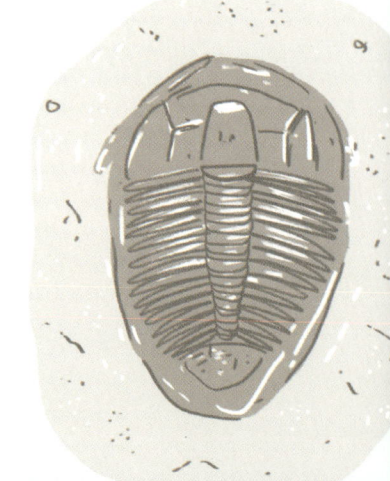

화성암

화성암은 지구 내부에서 가열되어 녹은 암석이 식으면서 형성돼요. 지구 내부에서 녹은 암석을 마그마라고 해요. 마그마가 화산에서 분출될 때는 용암이라고 불러요.

마그마가 지하에서 냉각되면, 천천히 식게 되면서 **결정**(crystal)이 충분한 시간을 두고 자랄 수 있어요. 결정은 질서 정연한 구조를 가진 광물이에요. 마그마가 지하에서 냉각되면 심성암을 형성해요. 이러한 암석에는 맨눈으로 볼 수 있는 큰 결정이 있는 경우가 많아요. 이러한 유형의 예로는 화강암이 있답니다.

용암이 화산에서 분출된 후 냉각되어 굳어지면 화산암이 형성돼요. 과학자들은 이것을 분출암이라고 불러요. 용암이 빨리 식으면 결정이 자랄 시간이 없어요. 현무암은 작은 결정을 가진 화산암이에요. 또 다른 화산암인 흑요석은 결정이 전혀 없답니다. 화성암의 종류는 700가지가 넘어요!

 ## 변성암

변성암은 암석이 지각에서 압력과 열을 받아 암석을 구성하는 광물이 변화를 일으킬 때 만들어져요. 그래서 '변성암'이라는 이름이 붙었지요. 올챙이가 개구리로 변할 때 '변태'하는 것을 떠올려 보세요.

변성암은 퇴적암, 화성암, 또는 다른 변성암이 변성된 것이에요. 잘 알려진 변성암의 예로는 석회석이 변성된 대리석이 있어요.

❓ 그냥 궁금해요

'광석'은 유용한 광물, 금속, 또는 보석이 포함된 암석을 부르는 말이에요.

용암 ←

마그마

 # 광물

광물은 자연적으로 발생하는 고체이며, 광물이 모여 암석을 이뤄요.
광물은 암석과 달리 화학 구조가 전체적으로 동일해요. 금(Au)이나 구리(Cu)처럼 한 가지 원소로만 이루어진 것도 있고, 여러 원소의 화합물로 이루어진 것도 있어요.
광물을 연구하는 과학자를 광물학자라고 하지요.

 ## 무기물

광물은 무기물이에요. 동물이나 식물과 같은 살아 있는 유기체가 아니라는 의미이지요. 광물은 일반적으로 결정 구조를 띠고 있어요. 광물에는 여러 유형이 있지만, 과학자들은 주로 광물을 규산염과 비규산염의 두 그룹으로 나누어요. 규산염은 규소와 산소를 포함하며 지각의 90%를 차지하지요

비규산염 광물에는 다음과 같은 것이 있어요.

 ### 산화물

크롬철석($FeCr_2O_4$)은 산소(O), 크롬(Cr), 철(Fe)로 이루어진 산화 광물이에요.

 ### 탄산염

탄산칼슘($CaCO_3$)은 산호 골격과 달팽이 및 굴의 껍데기에서 발견되는 탄산염 광물이에요.

 ### 황화물

황화 광물 중 하나인 황철석(FeS_2)은 황과 철(Fe)로 구성되어 있어요. 황철석은 금처럼 보이기도 해서 '바보의 금'이라고도 부른답니다.

 ### 할로젠화물

우리가 저녁 식사 요리에 뿌렸던 소금(NaCl)은 할로젠화물이에요. 할로젠 원소인 염소(Cl)와 나트륨(Na)으로 만들어져요.

광물은 다음과 같은 성질에 따라 분류되기도 해요.

모스 경도계

경도 증가 →

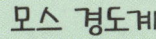 1) 활석
 2) 석고
 3) 방해석
 4) 형석
 5) 인회석
 6) 정장석
 7) 석영
 8) 황옥
 9) 강옥
 10) 다이아몬드

경도

과학자들은 모스 척도를 사용하여 광물이 얼마나 단단한지를 1에서 10까지의 척도로 나타내요. 1은 가장 부드럽고, 10은 가장 단단하지요. 광물이 쉽게 긁히면 부드러운 것이에요. 다이아몬드는 다른 광물에 긁히지 않고 가장 단단한 광물이어서 모스 척도가 10이에요.

광택

광택은 광물이 빛을 얼마나 잘 반사하는지를 의미해요. 광물은 광택이 없거나, 금속성 광택이 있거나, 밝게 빛나거나, 유리처럼 보여요.

비중

비중은 광물의 밀도를 말해요. 광물은 항상 비중이 1인 물과 비교하는데, 예를 들어 석영의 비중은 2.7이에요.

조흔색

조흔색은 타일과 같은 거친 표면에 광물을 문질렀을 때 생긴 가루의 색을 말해요. 이상하게도 어떤 광물은 겉보기 색과 다른 조흔색을 가진답니다!

쪼개짐

쪼개짐이란 광물이 조각으로 부서질 때 어떻게 쪼개지는지를 말하는 것이에요. 광물의 구조에 따라 어떤 광물은 얇은 판으로 쪼개지고, 어떤 광물은 작은 주사위 모양으로 쪼개져요.

색

광물은 함유된 원소에 따라 다른 색을 띠어요! 강옥은 포함된 소량의 불순물에 따라 루비가 되기도 하고 사파이어가 되기도 하면서 서로 다른 색을 띨 수 있어요.

그냥 궁금해요

보석이란 에메랄드, 루비, 사파이어, 다이아몬드와 같은 희귀한 광물을 자르고 연마하여 세공한 것으로, 주로 장신구로 쓰인답니다.

화석연료: 석유

석유는 화석연료예요. 수백만 년 전에 죽은 식물과 동물의 잔해로 만들어지지요. **플랑크톤**과 식물이 죽어서 바다의 밑바닥에 쌓이고, 수백만 년 동안 진흙과 모래의 층과 층 아래에 묻혔어요. 압력과 열은 서서히 이 잔해를 석유로 변화시켰지요.

원유 위의 진흙과 실트층은 압력에 의해 셰일로 변해요. 석유는 더 이상 이동할 수 없는 암석에 도달할 때까지 셰일층의 틈을 따라 위로 밀려 올라가는데, 그 암석을 저류암이라고 해요. 원유는 시추될 때까지 여기에 모여 있답니다. 원유는 주로 고대 바다에서 살았던 조개류의 화석이 있는 층에서 발견돼요.

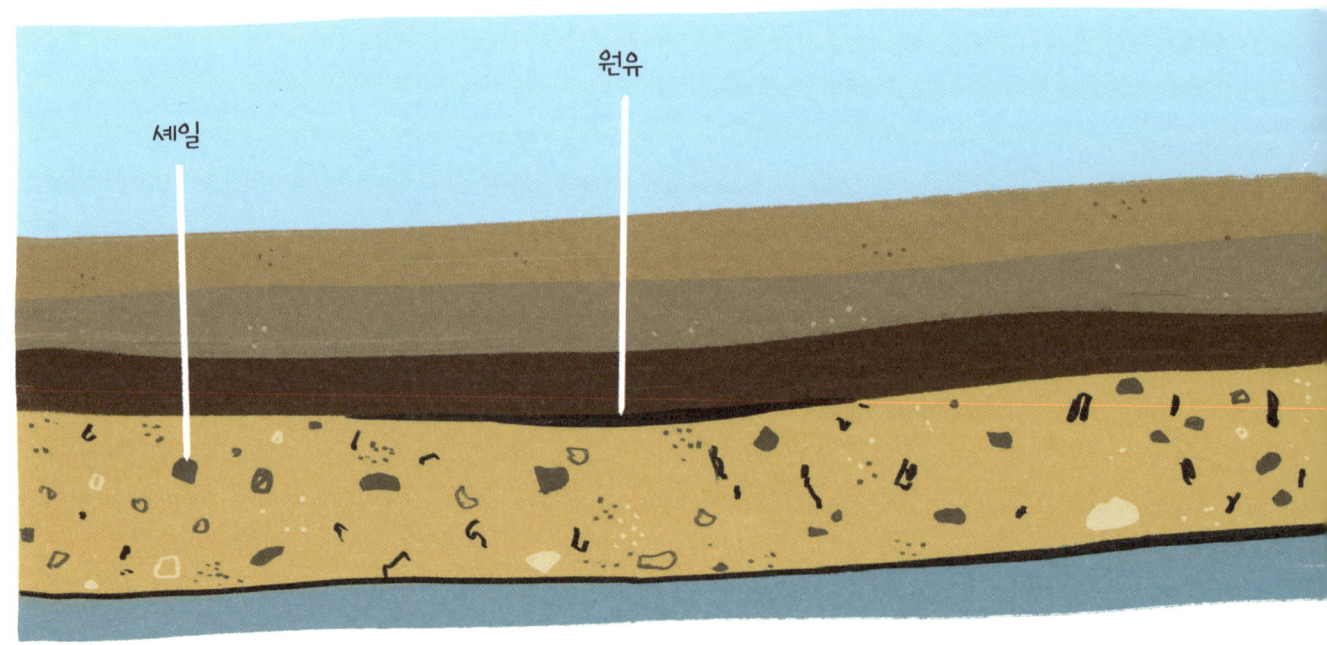

 석유

지질학자들은 석유를 찾기 위해 탄성파 탐사(암석을 관통하는 충격파 보내기)를 수행해요. 그런 다음 원유가 얼마나 존재하는지 확인하기 위해 산출시험을 하지요. 그 과정을 통해 시추할 가치가 있을 만큼 원유가 충분한지 확인해요.

원유

원유는 걸쭉한 검은 액체로, 땅에서 추출되며 탄화수소로 이루어져 있어요. 탄화수소는 수소와 탄소 원자로 구성된 사슬 구조 분자예요. 이러한 탄화수소는 증류를 통해 가연성이 낮은 중합체(플라스틱 제조에 사용되는 것과 같은)와 가연성이 높은 휘발성 연료로 분리돼요. 중합체는 작은 분자가 계속 연결되어 만들어진 거대한 사슬 구조 분자이지요.

원유에서 분리한 휘발성 연료에는
다음과 같은 것이 있어요.

| 석유 | 디젤 |
| 등유 | 제트연료 |

액화석유가스(LPG)

파이프라인

석유는 거대한 파이프라인을 따라 쉽게 운송할 수 있어요.
그러나 문제점이 있는데, 자연 지역을 관통하는 거대한
파이프가 환경에 미치는 영향에 대한 논란이 있답니다.

석유는 어디에 매장되어 있을까요?

석유는 대부분 사우디아라비아, 러시아,
미국 일부 지역, 중국, 이란, 이라크에서
생산돼요. 또한 거대한 해양 플랫폼을
바다에 설치하고 북해의 해저에서
석유를 시추하기도 해요.

전기 생산

석유가 산소와 반응하여 연소하면 에너지를
방출하는데, 그 에너지는 엔진을 가동시키거나 열과
빛을 제공하는 데 쓸 수 있어요.

석유는 전기를 만드는 데도 사용할 수 있어요!
석유를 태워 물을 가열하고 증기를 생성하지요.
증기는 터빈에 동력을 공급하여 터빈을 돌려요.
터빈은 발전기에 부착되어 있어서 전기를 생성해요.
이러한 방식으로 생산된 전기는 석탄이나 천연가스를
태워서 생산한 전기보다 더 비싸답니다.

온실가스

석유는 화석연료이기 때문에 태우면 온실가스인
이산화탄소가 발생해요. 슬프게도 온실가스는
기후변화와 대기 오염의 원인이 돼요.

석유는 더 이상 만들 수 없는 재생 불가능한
에너지원이에요. 다 쓰고 나면 그것으로 끝이지요!
현재 원유는 플라스틱을 비롯하여 엄청난 양의 소비재
생산에 사용되고 있는데, 원유가 고갈된다면 산업계는
다른 대안이 필요할 거예요.

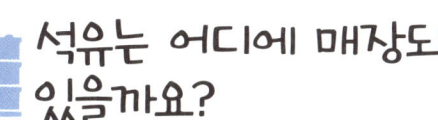

화석연료: 석탄

석탄은 고대 늪지대에 있던 식물의 잔해로 만들어져요.
죽은 식물은 늪으로 가라앉아 실트층과 진흙층 아래에 묻혔고,
이러한 층의 압력이 점점 더 커지면서
식물 잔해가 천천히 석탄으로 변하였지요.

놀랍게도 매년 44억 톤의 석탄이 땅에서 채굴돼요.
호주와 중국, 영국 북부, 인도, 폴란드, 러시아, 스코틀랜드,
웨일스, 미국 등지에서 채굴되고 있지요.

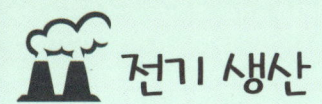 ## 전기 생산

석탄을 태우면 열의 형태로 에너지를 방출해요. 석탄은 세계 최대의 전기 에너지원으로, 전 세계 전기의 약 40%를 석탄으로 생산해요. 석탄은 용광로에서 태워져서 보일러를 가열해요. 그러면 보일러는 물을 끓여 증기를 생성하고 그 수증기가 터빈을 돌려 전기를 생산하지요.

석탄은 재생 가능한 에너지원이 아니에요. 한 번 사용하면 더 이상 만들 수 없기 때문이지요. 석탄을 태우면 이산화황과 이산화탄소 같은 기체가 발생해요. 이산화탄소는 온실가스로 기후변화를 일으키고, 이산화황은 산성비와 수질 오염의 원인이 되지요.

 ## 탄소

석탄은 탄소(C)로 이루어져 있어요. 또한 산소(O), 수소(H), 질소(N), 황(S)과 같은 원소들이 소량 포함되어 있지요. 석탄의 종류에 따라 탄소의 양이 달라져요.

무연탄은 매우 단단하고 반짝이는 석탄이에요. 푸른 불꽃을 내면서 타고 86~98%의 탄소를 함유하고 있지요. 무연탄은 변성암에서 발견되는 반면, 갈탄을 비롯한 다른 종류의 석탄들은 대부분 퇴적암에서 발견돼요. 갈탄은 약 75%의 탄소를 함유하고 있어요.

 ## 광부

광산에서 석탄을 채굴하는 사람을 광부라고 하는데, 광부는 광산 붕괴 위험 및 폐 손상 위험을 감수해야 하는 힘든 직업이에요.

화석연료: 천연가스

천연가스는 화석연료의 하나로, 선사 시대의 동식물이 죽어 실트층 아래에 묻힌 후 세월이 지나 생성된 것이에요. 천연가스는 종종 석유와 함께 셰일층에서 발견되지요.

천연가스는 공기보다 가볍고 무색투명해요. 때로는 땅의 갈라진 틈을 뚫고 빠져나와 불이 붙기도 해요. 사람들이 이렇게 자연적으로 발생하는 화재를 보고 천연가스를 연료로 사용하게 되었을 것이라고 추정되지요. 오늘날 **지질학자**들은 셰일층을 조사한 다음 천연가스가 있을 거라고 추정되는 곳에 유정을 파서 테스트를 해요.

프래킹

프래킹(수압 파쇄법)은 천연가스를 추출하는 방법으로, 논란의 여지가 있는 방법이에요. 프래킹은 가압 유체를 사용하여 암석층에 강제로 균열을 만들어 셰일층에서 천연가스나 석유를 끌어 올리지요.

2010년경 새로운 유정의 60%가 프래킹을 사용하여 암석에 통로를 내고 연료를 손쉽게 추출해 냈어요. 프래킹은 이제 전 세계적으로 사용되지요.

프래킹은 저렴하게 천연가스를 추출하는 방법이지만 환경에는 매우 해로워요. 지하수를 오염시킬 수도 있고, 넓은 지역에 걸쳐 땅 아래에 있는 암석층에 손상을 줄 수 있지요.

또한 땅속의 해로운 물질을 표면으로 분출시켜 공기의 질에 영향을 미쳐요. 그래서 현재 많은 국가에서 프래킹을 금지하고 있답니다.

냄새!

천연가스는 메테인(CH_4), 이산화탄소(CO_2), 뷰테인(C_4H_{10}), 프로페인(C_3H_8), 질소(N)와 같은 여러 기체로 이루어져 있어요. 천연가스는 원래 냄새가 없지만, 가스가 누출될 경우 사람들이 알아챌 수 있도록 안전을 위해 냄새나는 물질을 소량 추가하지요!

가스 발전

천연가스는 산소와 반응하여 연소하면서 에너지를 방출해요. 천연가스는 많은 가정에서 난방 및 요리를 위해 사용돼요. 일부 발전소는 천연가스를 사용하여 전기를 생성해요. 천연가스가 연소하면서 나온 열은 터빈을 돌리는 데 쓰이고, 터빈에 연결된 발전기는 운동에너지를 전기에너지로 바꾸어 전기를 생산하지요.

사용하고 남은 폐열은 다시 물을 가열하는 데 사용할 수 있어요. 물을 수증기로 바꾸고 수증기로 발전기를 돌려서 더 많은 전기를 생산할 수 있답니다! 그것은 유한한 자원을 효율적으로 사용하는 것이지요. 천연가스는 비료나 플라스틱 같은 제품을 만드는 데도 사용돼요.

추출

땅에서 천연가스를 추출하면, 거기에는 물과 다른 화학 물질, 심지어 석유도 포함되어 있어요. 천연가스를 사용하기 전에 이러한 물질들을 반드시 제거해야 해요.

가스관

천연가스는 지하에 있는 가스관을 통해 이동해요. 가스관을 설치하는 과정에서 환경에 영향을 미칠 수 있지요. 또한 천연가스를 시추하는 과정에서 야생 동물이나 식물의 생명을 빼앗으며 생태계에 해를 끼칠 수도 있어요.

천연가스는 어디에 매장되어 있을까요?

천연가스는 중동, 이란에서 처음 발견되었어요. 오늘날에는 아프리카, 동유럽, 러시아, 북미, 남미, 북해, 아일랜드해 등 세계 곳곳에서 천연가스가 추출되지요.

천연가스도 재생 가능한 에너지원이 아니에요. 한 번 사용하고 나면, 더는 없답니다.

온실가스

천연가스는 다른 화석연료와 마찬가지로 기후변화를 일으키는 온실가스를 생성해요. 그러나 다른 종류의 오염은 거의 일으키지 않기 때문에 화석연료 중에서는 가장 깨끗한 연료로 여겨져 왔지요.

금속

금속을 연구하는 과학을 금속공학이라고 해요. 금속은 강하지만 유연한 고체로, 큰 광산에서 땅을 파내면 나오는 광석에서 주로 발견돼요. 금속을 광석에서 분리하기 위해서는 암석을 부수고 고온으로 가열하면서 제련 과정을 거치지요.

금속의 성질

금속은 열과 전기의 훌륭한 전도체이지만, 구리와 같은 일부 금속은 특히 더 전도성이 좋아서 전기 회로에 사용돼요. 전도는 전기가 물질을 통과하도록 하는 것이에요. 금속에는 일반적으로 울림이 있어서 금속을 두드리면 종소리와 같은 소리가 나요.

금속은 전성이 있어 두드려서 얇게 펼 수 있어요. 또한 연성이 있어 가는 실로 뽑아낼 수 있지요. 금속은 단단해서 다리나 자동차 등을 만드는 데 쓰이기도 해요. 심지어 동전을 만들 때도 금속을 쓰는데, 단단한 성질 덕에 동전을 많이 사용해도 닳지 않아요.

금속결합

금속이 강하고, 전성이나 전도성과 같은 성질을 띠는 이유는 금속결합(원자들을 함께 묶는 힘) 때문이에요.

실온에서 액체인 수은(Hg)을 제외하고 모든 금속은 실온에서 고체예요. 금속은 원자들이 강하게 결합하고 있기에 녹는점이 높아요. 그러나 금속은 녹여서 금형에 부어 모양을 만들어 부품, 기계, 전자제품 등을 만들 수 있답니다.

금속은 여러 가지 유형으로 나눌 수 있어요.

비금속

비금속(base metal)은 반응성이 커서 공기 중에서 쉽게 부식돼요. 금속이 공기 중의 산소와 결합할 때 산화가 발생해요. 비금속의 예로는 아연(Zn), 구리(Cu), 납(Pb), 주석(Sn)이 있지요.

주석 캔이 실제로는 여러 가지 금속으로 만들어진다는 사실을 알고 있나요? 대부분의 음료수 캔(전 세계적으로 약 75%)은 알루미늄으로 만들어져요. 식품 캔은 대부분 주석 또는 크롬으로 도금된 강철로 만들어지고요.

그냥 궁금해요

구리가 부식되면 청록색으로 변해요. 구리가 공기 중의 산소와 반응하는 산화가 일어나 산화구리가 만들어지는 것이지요.

고대에 로마인과 그리스인은 의도적으로 구리를 부식시켜서 '녹청'이라고 불리는 색을 만들어 페인트와 염료로 사용했어요.

 귀금속

귀금속은 백금(Pt), 금(Au), 이리듐(Ir), 팔라듐(Pd), 은(Ag)과 같이 반응성이 없는 금속을 말해요.

귀금속은 부식과 산화에 강하고 매우 희귀하기 때문에 가치가 있어요. 주로 목걸이, 귀걸이, 반지와 같은 장신구를 만드는 데 쓰이거나 산업에 사용되지요.

 철금속

철금속은 철 그리고 철의 합금을 말해요. 철이 자석에 끌리듯이 철금속도 자석에 끌리지요. 철금속의 예로는 강철, 주철, 선철이 있어요.
강철은 주로 철(Fe), 탄소(C), 망가니즈(Mn)로 만들어져요.

합금

합금은 두 가지 이상의 원소를 결합한 금속이에요.
합금은 서로 다른 금속의 특성을 살리기 위해 만든 혼합물이지요.
다양한 분야에서 더 강하고 부식되지 않는 금속을 만들기 위해 합금을 생산해요.
강철은 가장 유용하고 널리 쓰이는 합금이에요. 강철은 철에다 다양한 원소를 더해서 만들어요.
산업 및 건설 분야에 쓰이는 강철은 주로 철과 탄소를 결합하여 만들지요.

주위를 둘러보면, 집에 있는 수저 서랍에서 강철을 찾을 수 있을 거예요.
바로 스테인리스강 수저이지요. 그것은 강철과 크롬의 혼합물인데,
녹이 슬지 않고 닦기가 쉬워요.

알루미늄 합금

여러분이 오늘 캔에 든 음료수를 마셨다면, 알루미늄 합금을 손에 들고 있었을 거예요. 알루미늄은 규소 및 구리와 같은 원소들과 결합해서 합금을 만들어요.

알루미늄 합금은 부식되지 않고 매우 가벼워서 포장용으로 적합해요. 또한 사다리나 비행기와 같이 단단하면서도 가벼워야 하는 것에도 유용하게 쓰이지요.

황동

황동은 아연과 구리로 만든 합금이에요. 장식품이나 촛대를 만드는 데 자주 쓰이므로 여러분의 집에도 있을 수 있어요.

 ## 금

우리가 자주 보는 장신구용 금도 대부분 합금이에요. 순금은 강도가 약하고 쉽게 손상되기 때문에 다른 금속과 혼합하여 강하게 만드는 경우가 많지요. 보석 가게 진열대에서 금에 붙은 라벨을 살펴봐요. 적혀 있는 숫자가 높을수록 합금에 더 많은 금이 사용된 것이에요. 24캐럿은 순금이고, 18캐럿은 75%의 금으로 만들어지며, 9캐럿은 금이 겨우 37.5% 들어 있지요.

 ### 그냥 궁금해요

최초의 합금은 청동기 시대에 만들어졌답니다! 석기 시대에는 사람들이 금속을 사용하지 않았어요. 청동은 주석과 구리의 합금이지요.

청동은 주로 도구, 무기, 용구, 장신구를 만드는 데 사용되었으며, 오늘날에는 동상을 만드는 데 사용돼요.

용어 풀이

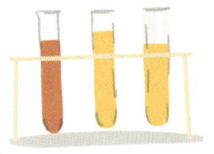
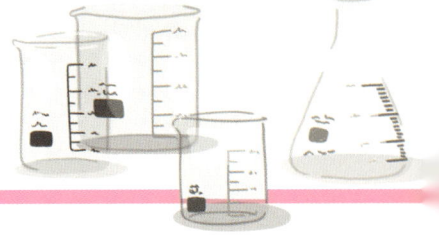

DNA: 데옥시리보핵산은 세포에서 발견되는 긴 분자로, 생물의 구조와 기능에 대한 정보를 지니고 있어요.

pH: 거의 모든 액체는 0~14의 pH 척도에서 산 또는 염기에 해당해요. 0~7의 값을 가지면 산이고, 7~14의 값을 가지면 염기예요. 순수한 물과 같은 중성 물질은 pH가 7이에요.

결정: 구성 물질이 반복되는 패턴으로 결합되어 있는 고체 물질. 대표적인 예로 식용 소금과 설탕이 있어요.

고분자: 매우 큰 사슬 모양의 분자

고체: 물질의 세 가지 상태 중 하나. 고체 상태에서 분자는 액체나 기체 상태에서와는 다르게 흐를 수 없어요. 고체는 모양을 유지하는 경향이 있어요.

광물: 자연에 존재하는 무기질의 고체로서 일정한 화학 구조를 가지는 물질

광합성: 식물이 물, 이산화탄소, 태양에너지를 사용하여 당의 일종인 포도당의 형태로 영양분을 생산하는 과정

기체: 물질의 세 가지 상태 중 하나. 기체는 공기처럼 흘러요. 기체는 분자들이 자유롭게 움직일 수 있으므로 기체가 들어 있는 어떤 용기도 채울 수 있어요.

나노기술: 나노입자를 연구하는 과학

나노입자: 인간의 눈으로 볼 수 없는 작은 입자. 때때로 큰 입자 상태일 때와는 매우 다른 성질을 가져요.

단열재: 전기, 열, 소리가 한 도체에서 다른 도체로 전달되는 것을 막는 데 사용되는 재료

단위체: 다른 분자와 연속적으로 반응하여 더 큰 분자를 형성하는 기본 분자

동위원소: 전자와 양성자의 수는 같지만 중성자의 수가 다른 원자로, 물리적 특성이 서로 달라요.

물질: 우주의 모든 것을 이루고 있는 것. 모든 물질은 원자라는 작은 입자들로 이루어져 있어요.

물질의 상태: 물질은 고체, 액체, 기체, 플라스마의 네 가지 상태로 존재해요. 분자가 어떻게 배열되어 있는지에 따라 다른 상태를 취하게 돼요.

밀도: 어떤 물질의 단위 부피당 질량. 물질의 질량을 부피로 나누어 구하지요. 물질이 작지만 무거우면 밀도가 높아요.

반응성: 물질이 다른 물질과 얼마나 쉽게 반응하는지를 나타내는 말

발열 반응: 열을 방출하면서 진행하는 화학 반응

방사성: 어떤 물질이 방사성을 띠면, 에너지를 띠는 작은 입자인 방사선을 방출해요. 방사선은 질병이나 세포 손상을 일으킬 수 있어 생명체에게 위험해요.

법의학자: 생물학, 화학, 물리학을 활용하여 범죄의 증거(지문, 혈액, 머리카락 등)를 찾고 범죄를 해결하는 사람

부피: 개체가 차지하는 공간의 크기

분광학: 고체, 액체, 기체에 쪼여 준 빛에 대해 연구하는 학문. 분광학을 통해 과학자들은 분자, 전자, 중성자, 양성자와 같은 작은 물질들을 연구해요.

분자: 두 개 이상의 원자들의 결합체로, 물질의 화학적 성질을 유지하면서 나누어질 수 있는 가장 작은 단위

산: pH가 낮은 화학 물질. 산은 pH가 7보다 낮아요.

산화: 전자의 이동을 포함하는 모든 화학 반응. 물질이 전자를 잃으면 산화되었다고 해요.

색소: 물질에 색을 입혀 주는 물질

세포: 모든 생물은 세포로 이루어져 있어요. 세포는 생명의 속성을 가진 가장 작은 단위예요.

식물학자: 식물을 연구하는 과학자

알칼리: pH가 7 이상인 용액. 알칼리(또는 염기)는 '산'과 반대 개념이에요.

액체: 물질의 세 가지 상태 중 하나. 액체 분자는 물처럼 자유롭게 흐르며, 그것이 담긴 용기에 따라 형태가 달라져요.

양성자: 원자핵에서 발견되는 양전하를 띤 입자

여과: 액체나 기체 용액에서 고체 입자를 분리하는 데 사용되는 방법. 필터를 사용하면 흐르는 물체는 통과할 수 있지만 고체 입자는 통과할 수 없어요.

연금술사: 금속과 같은 평범한 물질을 금과 같은 특별한 물질로 바꾸는 방법을 연구한 사람. 연금술사는 마술과 점성술도 연구했어요.

연성: 망치질로 두드렸을 때 부서지지 않고 얇게 펴지거나 철사처럼 가는 선으로 늘릴 수 있는 성질

염기: pH가 7 이상인 용액

염색체: 동식물의 세포 안에 존재하며 생물에 대한 유전 정보를 포함하는 긴 DNA 분자

엽록소: 식물 안에 있는 녹색 색소로, 광합성을 통해 빛을 흡수하여 화학에너지로 바꾸는 역할을 해요.

오비탈: 원자핵 주변에서 전자가 파동으로 움직이는 공간

온실가스: 대기 중에서 태양에너지를 가두는 역할을 하는 기체(예: 이산화탄소, 아산화질소, 메테인)

용액: 물질이 액체에 녹을 때 만들어져요.

용해: 고체를 액체와 섞었을 때, 고체가 보이지 않고 사라지면 용해되었다고 말해요.

원소: 한 가지 종류의 원자로 이루어진 물질. 예를 들면 철이 있어요.

원자: 물질을 구성하는 가장 작은 입자

원자번호: 각 원자의 양성자 수. 원자번호는 주기율표에서 원소의 위치를 결정해요.

유기체: 살아 있는 것

윤활제: 표면 사이의 마찰을 줄이기 위해 사용하는 기름기 있고 미끄러운 물질

이온: 전하를 띤 원자 또는 분자

자외선: 태양에서 오는 짧은 파장의 빛. 사람 눈으로는 볼 수 없지만, 벌과 같은 일부 곤충은 자외선을 볼 수 있어요.

적외선: 에너지의 하나로, 인간의 눈에는 보이지 않지만 열의 형태로 느껴져요.

전도: 열, 전기, 소리 등이 물질을 통해 이동하는 과정

전성: 두드리거나 압착하면 얇게 펴지는 금속의 성질

전자: 원자의 구성 성분으로, 음전하를 띤 입자

주기율표: 과학자들이 화학 원소를 배열하기 위해 사용하는 표

중력: 질량을 가진 두 물체가 서로 끌어당기는 힘

중성자: 원자를 구성하는 작은 입자로, 중성 전하를 띠고 있어요(양전하도 음전하도 아님).

증류: 끓는점의 차이를 이용하여 서로 다른 액체 혼합물을 분리하는 과정

증발: (햇빛 아래 웅덩이의 물이 줄어드는 것처럼) 액체나 고체 상태의 물질이 기체로 변하는 과정

지질학자: 암석, 광물, 지각을 연구하는 과학자

질량: 물질의 양

특허: 발명가가 수년간 독점적으로 자신의 발명품을 만들고 판매할 수 있도록 권리를 부여하는 법적 문서

플라스마: 물질의 상태 중 하나로, 기체에 에너지가 더해져서 원자에서 일부 전자가 떨어져 나갈 때 생성돼요.

플랑크톤: 바다나 호수 같은 수역에 떠 있는 작은 동식물

호흡: 기체, 산소, 이산화탄소의 교환을 포함하여 생명체가 살기 위해 에너지를 생성하는 과정

화학 반응: 하나 이상의 물질이 다른 물질로 변화하는 과정

화학식: 과학자들이 분자에 존재하는 원자의 종류와 수를 기호로 표시한 것

찾아보기

DNA 33, 35, 36, 42, 58
pH 40-41, 79
pH 측정 40-41, 46-48
고분자 29, 34-35, 66
고체 10-11
공기 110-111
광물 116-117
광합성 54, 64, 110
금속 124-125
기압 18
기체 14-15
기화 18-19
기후변화 62
나노입자 38-39
나뭇잎의 색 65
녹는점 16-17
다이아몬드 56
단백질 66-67
동위원소 36-37
드미트리 이바노비치 멘델레예프 68
란타넘족 84-85
로버트 보일 23
로베르트 분젠 90
만능지시약 46-47
먹이 사슬 64-65
모스 경도계 117
물 10-11, 32, *16, *24
물질의 상태 8-26
물질의 정의 9
밀도 51, 113
바닷물 112-113
방사성 동위원소 36
분자 9, 10, 11, 12-13, 16, 20, 29, 32-33, 51
분자력 11
분젠 버너 90-91
불꽃놀이 106-107

브라운 운동 20-21
비금속 70-71
비활성기체 23, 68, 69, 74-75
산 40-43
산소 52-53, 60-61
산소 순환 53
생명체의 구성 요소 49
생물의 화학 48-66
석유 118-119
석탄 120-121
셀룰로스 34
실험 도구 94-95
실험실 기구 및 작업 88-106
악티늄족 84-85
알칼리(염기 참조)
알칼리 금속 76-77
알칼리 토금속 78-79
암석 114-115
암흑 물질 69
앙투안 라부아지에 23
액체 12-13
어는점 17, 55, 113
여과 96-97
연소 53, 104-105, 106, 119, 123
염기 44-45, 79
엽록소 64-65
오염 61, 105, 111
오존 60-61, 110
온도 51
온도계 92-93
온실가스 54, 62-63, 104, 110, 119, 123
용액 26
원소 22-23
원자 11, 12-13, 20, 24, 29, 30-31, 36-37, 46, 51
원자번호 23, 69
윌리엄 램지 경 74

응집력 13
의학 46
이산화탄소 54-55
자연 속의 화학 물질 108-126
전이 금속 80-81
전이후 금속 86-87
점성 *12
주기율표 22, 30-31, 68-87, 68-69, 70, 72, 80
준금속 82-83
증류 98-99
증발 19, 97, 112
질소 58-59
천연가스 122-123
콜로이드 27
크로마토그래피 100-101
탄소 48, 56-57, 121
탄소 순환 56
표면장력 13
풀러렌 57
프래킹 122
플라스마 9, 14
플라스틱 35, 109
할로젠 78-79, 84
합금 67, 82, 83, 103, 109, 126-127
핵무기 37, 85
험프리 데이비 경 76
현탁액 27
호박 35
호흡 52
혼합물 26-27, 97
화석연료 62, 109, 118-123
화학 반응 25, 47, 53, 64, 67, 81, 102-103
화학적 구성 요소 28-46
화합물 24-25, 78, 109
흑연 57

초판 1쇄 발행   2023년 1월 5일
초판 3쇄 발행   2025년 5월 25일

글쓴이   린 허긴스 쿠퍼
그린이   알렉스 포스터
옮긴이   한문정

펴낸이   이혜경
펴낸곳   니케북스
출판등록 2014. 04. 7 | 제 300-2014-102호
주소   서울시 종로구 새문안로 92 광화문 오피시아 1717호
전화   (02)735-9515 | 팩스 (02)6499-9518
전자우편 nikebooks@naver.com
블로그   nikebooks.co.kr
페이스북 www.facebook.com/nikebooks
인스타그램 www.instagram.com/nike_books

ISBN 978-89-98062-58-3 74400
     978-89-98062-45-3 (세트)

니케주니어는 니케북스의 아동·청소년 브랜드입니다.

책값은 뒤표지에 있습니다.
잘못된 책은 구입한 서점에서 바꿔 드립니다.

어린이제품 안전특별법에 의한 표시사항

제조자명 니케북스 **제조국** 대한민국 **사용연령** 8~13세 **제조년월** 판권에 별도 표기
주소 서울시 종로구 새문안로 92 광화문 오피시아 1717호 **연락처** 02-735-9515
주의사항 책 모서리나 종이에 긁히거나 베이지 않게 조심하세요.